DE LA

DIFFAMATION & DE L'INJURE

ENVERS LES PARTICULIERS

PAR

Maurice BOULANGER

Lauréat de la Faculté de droit
Substitut du Procureur de la République, à Saint-Brieuc.

RENNES

TYPOGRAPHIE OBERTHUR, FAUBOURG DE PARIS, 42

1882

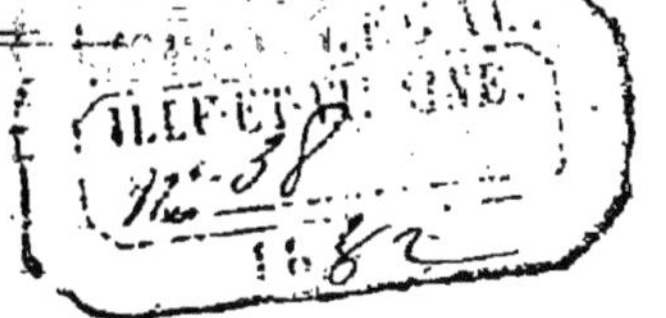

THÈSE POUR LE DOCTORAT

A MA GRAND'MÈRE

A MON PÈRE — A MA MÈRE

A MA FAMILLE — A MES AMIS

DE LA
DIFFAMATION ET DE L'INJURE
ENVERS LES PARTICULIERS

Ratione, non probris, certandum.

THÈSE POUR LE DOCTORAT

PAR

Maurice BOULANGER,

Lauréat de la Faculté de droit,
Substitut du Procureur de la République, a Saint-Brieuc.

Cette Thèse sera soutenue le 10 mai 1882, à 2 heures et demie.

EXAMINATEURS :

MM. BODIN, doyen; WORMS, DE CAQUERAY, GUÉRARD, professeurs; PLANIOL, agrégé.

RENNES

TYPOGRAPHIE OBERTHUR, FAUBOURG DE PARIS, 42

1882

INTRODUCTION

Quelques rares auteurs, au nombre desquels nous devons citer un jurisconsulte hollandais, M. Buyn (1), ont prétendu, dans ces derniers temps, qu'il fallait accorder une immunité absolue à l'émission de toute pensée quelconque et rayer de tous les Codes les délits de la parole et de la presse. Leur principal argument, c'est que la moralité des actions humaines se détermine par leurs conséquences. Or, la société est dans l'impuissance de vérifier si l'expression d'une pensée a produit de l'effet sur l'auditeur ou le lecteur. Alors même que des imputations diffamatoires auraient exposé le diffamé au mépris de celui qui lit ou entend la diffamation, cette circonstance ne suffirait pas, d'après M. Buyn, pour fonder le principe d'une responsabilité spéciale. En effet, dit-il, l'auditeur ou le lecteur ne délinque pas parce qu'il arrive

(1) La *liberté de la parole*, par Buyn, docteur en droit, Amsterdam, 1867.

étude, les modifications successives qu'a subies cette partie de la législation aux diverses époques de l'histoire, suivant les mœurs et les constitutions politiques des sociétés. Nous verrons ce qu'étaient l'injure et la diffamation en droit romain, ce qu'elles furent ensuite dans notre ancien droit. Puis, après avoir étudié avec détails les dispositions qui nous régissent actuellement, nous dirons quelques mots des lois étrangères à ce sujet.

PREMIÈRE PARTIE

DROIT ROMAIN

DU DÉLIT D'INJURES

GÉNÉRALITÉS

Le mot *injuria* a un sens général. Il peut, de plus, être pris dans trois acceptions particulières que les Instilutes et les Pandectes nous font connaître en termes presque identiques.

L'injure, en général et d'après l'étymologie latine *(in, jus)*, c'est tout acte contraire au droit, tout délit commis volontairement, *omne quod non jure fit.*

Plus spécialement, *injuria* signifie :

1° *Culpa*, la faute qui entraîne le dommage puni par la loi Aquilia: « *damnum injuriæ, damnum injuria datum.* »

2° *Iniquitas*, l'injustice, l'iniquité de ceux qui violent sciemment à l'égard d'autrui les règles du droit : ainsi celui contre qui le préteur ou le juge rend une sentence injuste, celui-là *injuriam accepisse dicitur...*

3° *Contumelia, quæ a contemnendo dicta est*, l'affront, l'outrage, de quelque nature qu'il soit, adressé à une personne. C'est le genre de délits dont nous devons nous occuper. En ce sens, l'injure est tout acte par lequel on entend léser quelqu'un physiquement ou moralement (1).

____

(1) Inst., liv. 4, tit. 4, *pr.* — Dig., liv. 47, tit. 10, *pr.*

CHAPITRE I

Éléments constitutifs du délit d'injures.

L'injure peut se présenter sous les aspects les plus divers; mais elle exige toujours la réunion des quatre éléments essentiels suivants :

1° Un fait matériel de nature à outrager quelqu'un, *corpus;*

2° L'intention d'injurier, *animus injuriandi;*

3° Le ressentiment de l'outrage chez celui qui en est victime;

4° L'illégalité du fait injurieux.

SECTION I.

Élément matériel.

Toute obligation délictuelle résulte d'un fait accompli. En matière d'injures, le corps du délit, nous dit Labéon, consiste *aut re, aut verbis*. Cette énumération admise par Ulpien (1) n'est pas complète : elle néglige, en effet, toute une catégorie d'injures, celles qui se commettent par des écrits, *carmen famosum*, *libellus, cantica*, et que les textes nous représentent également comme sujettes à répression. Donc, en réalité (et ce sera là une de nos divisions), il peut être porté atteinte à l'honneur d'autrui de trois manières différentes : *aut re, aut verbis, aut scriptura*.

(1) Dig., liv. 47, tit. 10, l. 1, § 1.

§ 1. — *De l'injure commise* re.

D'après Ulpien, il y a injure *re, quoties manus infe-runtur* (1). Cette formule est trop étroite. Sans doute les voies de fait sont le type de l'*injuria realis*, mais elles ne sont pas essentielles; et il y a souvent injure réelle dans des cas où *manus non inferuntur*. Au surplus, il faut distinguer. Les injures commises *re* ont trait soit à la personne physique du plaignant *(corpus)*, soit à la considé-ration dont il est entouré *(dignitas)*, soit à son honneur *(infamia)* (2); ajoutons qu'elles peuvent aussi consister dans une violation de la liberté individuelle, ou dans un attentat contre la propriété.

I

L'injure s'adresse à la personne physique dans tous les cas où son auteur s'est livré à des voies de fait sur l'injurié. *In corpus fit injuria quum quis pulsatur* (3)... *quum quis pugno pulsatus, aut fustibus cæsus, vel etiam ver-beratus* (4)... Indépendante de tout dommage matériel, elle exige uniquement un tort moral, une lésion de la personne dans son honneur, dans sa dignité. Du moment que ce préjudice purement immatériel se trouve constaté, réparation est donnée à la victime et cette réparation sera forcément pécuniaire. Mais si un dommage matériel vient s'ajouter au préjudice moral causé, alors deux actions

(1) Dig., *ibid.*
(2) Dig., *hoc tit.*, l. 1, § 2.
(3) Dig., *ibid.*
(4) Inst., liv. 4, tit. 4, § 1.

distinctes seront accordées pour réparer les deux dommages distincts : *duæ erunt æstimationes, alia damni, alia contumeliæ* (1)... Ceci nous fait comprendre qu'il peut y avoir injure corporelle, au sens que nous venons de voir, alors même que l'auteur du délit s'est borné à lever la main contre une personne : une pareille tentative, pourvu qu'elle soit sérieuse et faite dans le but d'injurier, équivaut au fait accompli (2)...

Signalons une dernière espèce d'injure *in corpus*. Le médecin qui, abusant de son art, fait perdre l'esprit à un malade en lui administrant quelque drogue, est soumis à l'action *injuriarum* : on considère qu'il y a là un attentat matériel à la personne (3).

II

Viennent ensuite ces outrages qui s'adressent non plus à la personne physique (*in corpus*), mais à la personne morale : *ad dignitatem aut ad infamiam pertinent*.

1° On considère comme une grave injure *ad dignitatem*, le fait de détourner d'une personne ceux qui l'accompagnent dans des lieux publics ou privés (4). Cette décision s'explique par un vieil usage qui durait encore sous le Bas-Empire et dont l'origine se trouve dans les relations de patronat et de clientèle. Pour rendre hommage aux patriciens influents, les citoyens d'un rang inférieur tenaient à les escorter dans les rues et dans les places

---

(1) Dig., liv. 9, tit. 2, l. 5, § 1.
(2) Dig., liv. 47, tit. 10, l. 15, § 1.
(3) Dig., *hoc tit.*, l. 15, *pr.*
(4) Dig., *hoc tit.*, l. 1, § 2 — l. 15, §§ 16 et 17.

publiques. Plus le *comitatus* était nombreux, plus se trouvait rehaussée la dignité du personnage. Les matrones elles-mêmes ne sortaient pas sans être accompagnées de suivantes *(pedissequæ, ante ambulatrices)* en aussi grand nombre que possible; et l'on rapporte que des citoyens riches nourrissaient jusqu'à vingt mille esclaves afin de sortir de chez eux accompagnés d'une foule véritable. Ces manifestations extérieures de l'opulence s'étant généralisées, on dut s'attacher à réprimer sévèrement tout ce qui était de nature à les entraver.

2° L'excitation à la débauche et les attentats aux mœurs rentrent aussi dans la catégorie des injures réelles : *Si quis tam feminam quam masculum, sive ingenuos sive libertinos, impudicos facere adtentavit, injuriarum tenebitur* (1). Que faut-il entendre par cette expression « rendre impudique ? » Paul nous l'apprend : *Adtentari pudicitia dicitur, quum id agitur ut ex pudico impudicus fiat*. Rien de plus clair et en même temps de plus vaste que cette définition.

Nous rencontrons, dans cet ordre d'idées, une espèce d'injures fort nombreuses à Rome, paraît-il; je veux parler de ces délits que les textes désignent par les mots *appellatio, adsectatio*.

D'après Ulpien, une action *injuriarum* est accordée contre celui qui appelle publiquement une femme ou lui tient des propos malséants. Mais en fait, la culpabilité est ici susceptible de degrés divers. L'action n'est donnée dans toute sa rigueur que contre celui qui s'est adressé à une femme honnête portant la robe *(stola)* de la *materfamilias*. L'injure aurait une bien moindre gravité si la

____

(1) Dig., *hoc tit.*, 1. 9, § 4.

femme était revêtue de la robe des esclaves ou, à plus forte raison, si elle portait l'*amiculum* de la courtisane (1). L'*appellatio* ne consiste pas à prononcer simplement le nom d'une personne de façon à attirer son attention ; si elle se bornait à cela, elle n'aurait rien de répréhensible : *Appellare est blanda oratione alterius pudicitiam adtentare*. Ce n'est pas là, comme on pourrait le croire, une injure verbale ; Ulpien s'empresse de nous le dire textuellement : *Hoc non est convicium facere, sed adversus bonos mores adtentare* (2).

Injuria etiam committitur si quis matremfamilias, aut prætextatum prætextatamve adsectatus fuerit (3).

Adsectari indique autre chose qu'appeler ; c'est le fait de suivre une personne, même en silence, avec une obstination qui laisse toutefois supposer un but déshonnête.

Il faut sainement entendre ces dispositions. Ce que la loi veut réprimer, c'est tout attentat aux mœurs dûment caractérisé. On n'encourrait donc aucune peine si, par plaisanterie, on adressait des termes flatteurs à une femme, ou si on la suivait dans le but de lui rendre honnêtement un service.

3° En fait d'injures portant atteinte à la réputation des personnes, on comprend que l'imagination des auteurs a pu se donner libre carrière. Les textes fourmillent d'espèces ; nous nous bornerons à en citer quelques-unes.

---

(1) Dig., *hoc tit.*, l. 15, § 15. — Les matrones romaines se reconnaissaient à la *stola*, longue robe au bas de laquelle était cousue une bordure qui couvrait la moitié des pieds. Elles portèrent toujours ce vêtement en public, au moins aussi longtemps que les mœurs conservèrent une certaine pureté. La femme condamnée pour adultère portait un autre vêtement, la *toga*, dont l'usage était réservé aux hommes (Juv.. *Sat.*, ii, 70).

(2) Dig., *hoc tit*, l. 15, § 20.

(3) Inst., lib. 4, tit. 4, § 1 — G., III. 220 — Dig., *hoc tit.*, l. 75, § 22.

Vous commettez une injure *ad infamiam*, lorsque vous citez méchamment en justice, comme votre débiteur, un homme que vous savez ne vous rien devoir (1), ou les fidéjusseurs d'un débiteur dont on connaît la solvabilité (2). De même, si l'on appose, sans autorisation de qui de droit, les scellés sur les biens de son débiteur absent (3).

Pour nuire à ma considération, *infamandi mei causa*, quelqu'un met en vente, par affiches, un bien qui m'appartient, comme s'il l'avait reçu de moi à titre de gage (4);

Dans un but injurieux pour moi, et comme pour se plaindre d'offenses qui n'existent pas, Séius revêt des habits de deuil, porte sa barbe longue, ou affecte de se réfugier, sur mon passage, auprès des statues des Empereurs (5);

Vous brisez, pour me faire injure, la statue de mon père, placée sur son tombeau (6);

Dans tous ces cas et dans d'autres semblables, il y a injure commise *re*, donnant ouverture à l'action. Cependant, la nature de certains actes sera quelquefois plus difficile à déterminer. Si, par exemple, je m'oppose à ce qu'on élève une statue à un citoyen, serai-je soumis à l'action d'injures? Non, répond Labéon, car il y a bien de la différence entre faire acte de mépris et s'opposer à ce que l'on décerne des honneurs à un autre. Ainsi encore, le duumvir serait à l'abri de toute poursuite, s'il avait chargé

---

(1) Dig., *hoc tit.*, l. 15, § 33 — Inst., *ibid.*, § 1.
(2) Dig., *hoc tit.*, l. 19.
(3) Dig., *hoc tit.*, l. 20.
(4) Dig., *hoc tit.*, l. 15, § 32.
(5) Dig., *hoc tit.*, l. 15, § 27 — Dig., lib. 48, tit. 19, l. 28, § 7.
(6) Dig., *hoc tit.*, l. 27.

quelqu'un d'une commission onéreuse, lorsqu'un autre aurait dû l'être : autre chose est d'imposer un travail, autre chose de faire une injure (1).

III

Autre variété d'injures réelles : attentats à la liberté. Il y a *injuria realis* dans le fait de revendiquer comme esclave un homme que l'on sait libre. Serait aussi soumis à l'action d'injures le maître de l'esclave défendeur à la *causa liberalis*, si la sentence du juge était favorable à son adversaire. Il faut faire une restriction, cependant, pour l'hypothèse où le prétendu maître n'aurait agi que pour acquérir contre son vendeur le bénéfice d'un jugement d'éviction (2).

L'homme libre arrêté comme esclave fugitif a l'action d'injures contre celui qui l'a arrêté ou fait arrêter (3).

Je veux vendre mon esclave, vous m'en empêchez, soit en écartant les acheteurs, soit en prêtant à ma chose des vices qu'elle n'a pas : j'aurai le droit de vous poursuivre par l'action *injuriarum* (4). Il en serait de même si vous m'empêchiez de pêcher dans la mer, de me promener sur la voie publique, ou d'exercer un droit quelconque appartenant à tous les citoyens. Notons bien d'ailleurs que s'il s'agissait d'obstacles apportés à l'exercice d'un droit non pas commun à tous les citoyens, mais particulier, personnel à tel ou tel, d'un droit né d'une cause privée, l'action

(1) Dig., *hoc tit.*, 1. 13, §§ 4 et 5.
(2) Dig., *hoc tit.*, 1. 12 — Dig., liv. 40, tit. 12, 1. 26.
(3) Dig., *hoc tit.*, 1. 22.
(4) Dig., *hoc tit.*, 1. 24.

d'injures disparaîtrait pour faire place à la protection des interdits (1).

IV

Enfin l'injure peut souvent consister dans une lésion du droit de propriété : violation de domicile; — exercice violent d'un droit réel qui ne nous appartient pas sur la chose d'autrui. Outre l'action en réparation du préjudice matériel causé, le lésé aura encore l'action *injuriarum* contre l'auteur du délit, dans le cas où ce dernier a eu l'intention de nuire (2).

§ 2. — *De l'injure commise* verbis.

Les Romains paraissent avoir eu deux mots pour désigner l'injure verbale : *maledictum* et *convicium*. Ulpien nous dit en effet : *Non omne maledictum convicium esse, sed id solum quod cum vociferatione dictum est* (3). Le *convicium* serait donc une espèce de *maledictum* renfermant quelque chose de plus que le *maledictum* simple, un *maledictum* accompagné de clameurs publiques. Tel est d'ailleurs le sens qui résulte de l'étymologie de ce mot *convicium (quasi convocium)* (4). Cependant, il y a lieu de penser que peu à peu on se servit indistinctement de l'une ou de l'autre de ces expressions pour indiquer toute injure commise *verbis*.

(1) Dig., *hoc tit.*, l. 14.
(2) Dig , *hoc tit.*, l. 15, § 31, et l. 23.
(3) Dig., *hoc tit.*, l. 15, § 11 — Paul., *Sent.*, liv. V, tit. 4, §§ 18-21.
(4) Dig., *hoc tit.*. l. 15, § 4.

Ainsi, aux Institutes, on ne trouve plus de trace du *maledictum* : le mot *convicium* y est seul employé.

Nous ne saurions passer en revue toutes les épithètes que l'on considérait, à Rome, comme outrageantes. Du reste, il y a là, le plus souvent, une question de fait que le juge doit apprécier. Des expressions, qui par elles-mêmes n'ont rien de blessant, peuvent devenir injurieuses par l'usage qui en est fait : l'injure, par exemple, qui se déguise sous une formule ironique, n'en est pas moins vivement sentie (1); elle donne lieu également à une action *injuriarum*.

Labéon prévoit expressément le cas où le *convicium* est commis contre un absent. Vous profitez du moment où Titius est éloigné de sa demeure pour exécuter sous ses fenêtres ce que l'on appelle un charivari. S'il est établi que l'outrage s'adressait au propriétaire, si vous avez agi par mépris ou par haine contre lui, vous serez soumis à l'action d'injures (2).

Il faut enfin observer que l'édit du préteur ne punit pas seulement l'auteur direct, immédiat du délit, mais encore celui *cujus ope consiliove factum esse dicitur* (3).

§ 3. — *De l'injure commise* scriptura.

Nous aurons à revenir plus tard sur la procédure spéciale admise en cette matière. Ici, nous serons très bref.

L'espèce d'injures dont il s'agit comprend toute composition écrite et publiée *ad infamiam alicujus*. Elle peut se

---

(1) Dig., liv. 50, tit. 17, ll. 96 et 168.
(2) Dig., *hoc tit.*, l. 15, § 7.
(3) Paul., *Sent.*, liv. V, tit. 4, § 20.

produire sur toutes les formes de l'art : satire, comédie, pamphlet, anecdotes, histoires, épigrammes, soit en prose, soit en vers *(carmen, liber, libellus)*. On range encore dans cette catégorie des œuvres auxquelles l'écriture est complètement étrangère et qui répondent assez bien à ce que la loi de 1819 appelle dans son art. 1er « des dessins, gravures, peintures ou emblèmes (1). » Le libelle diffamatoire tombe sous le coup de la loi pénale, alors même qu'il se présente sous la forme de l'anonyme ou du pseudonyme, *etiamsi alterius nomine ediderit, vel sine nomine*. Mais, dans tous les cas, le *judicium privatum* n'est possible que si la personne diffamée se trouve désignée ou caractérisée dans le libelle d'une façon assez claire pour que chacun puisse l'y reconnaître : *si incertæ personæ convicium fiat, nulla executio est* (2).

SECTION II.

Élément intentionnel.

Il ne suffit pas qu'un acte ait toutes les apparences du délit d'injures pour qu'on puisse lui donner cette qualification, il faut de plus que l'auteur ait l'*animus injuriandi*. Comme le *furtum* et à la différence du *damnum injuria datum*, l'*injuria* suppose toujours l'intention coupable. Si cet élément intentionnel n'apparaît pas, le fait incriminé donnera naissance seulement à une action civile ou, dans certains cas, à l'action de la loi *Aquilia*. Donc, pas de délit d'injures sans l'*animus injuriandi*. De ce principe, consacré par de nombreux textes (3), résultent les conséquences suivantes :

(1) Dig., *hoc tit.*, l. 5, § 10.
(2) Dig., *hoc tit.*, l. 15, § 19.
(3) Dig., *hoc tit.*, l. 3, §§ 1 et 2.

D'abord, il y a des personnes qui ne sauraient être considérées comme responsables de leurs actes : tels sont le *furiosus*, l'impubère qui n'est pas *doli capax*. Ces personnes ne peuvent jamais être poursuivies par l'*actio injuriarum;* mais à l'inverse, elles pourraient, de leur chef ou du chef de certaines autres personnes, poursuivre ceux qui auraient commis une injure envers elles. Aussi Ulpien, après avoir énoncé cette règle un peu trop absolue : « *Eos qui injuriam pati possunt, et facere posse,* » s'empresse-t-il d'indiquer aussitôt les exceptions qu'elle comporte (1).

Une injure faite par plaisanterie ou dans des circonstances qui excluent chez l'agent une intention coupable, est et doit être regardée comme non avenue. Je veux donner un soufflet à mon esclave, et, au lieu de l'atteindre, je vous frappe, parce que vous êtes trop près de lui; je ne serai pas tenu de l'action d'injures (2). La même solution serait admise à l'égard de celui-qui aurait frappé l'esclave d'autrui, persuadé qu'il en était propriétaire, ou un homme libre qu'il croyait être son esclave (3).

Dans tous ces cas, nous rencontrons un acte purement physique inspiré par un sentiment qui n'a rien de répréhensible : le maître n'a-t-il pas le droit de corriger son esclave comme bon lui semble? Mais n'allons pas trop loin. Que l'agent ait seulement l'intention générale de nuire, alors même qu'il se méprend sur l'identité ou la qualité de l'offensé, cela suffit pour caractériser le délit d'injures. Me prenant pour Titius auquel vous en voulez, vous m'avez frappé, moi Séius : j'aurai contre vous l'action

---

(1) Dig., *hoc tit.,* l. 3, *pr.*

(2) Dig., *hoc tit.,* l. 4.

(8) Dig., *hoc tit.,* l. 3, § 4.

injuriarum. Vous aviez en effet la volonté bien arrêtée
d'outrager celui que vous maltraitiez ainsi. Or, comme
c'est moi qui suis cette personne, votre responsabilité est
engagée vis-à-vis de moi, bien que vous m'ayez pris pour
un autre (1). Voici encore une espèce analogue. Vous pour-
suivez avec une coupable obstination une femme que vous
croyez veuve. Il se trouve qu'elle est mariée. A raison de
votre erreur, le mari est réputé n'avoir reçu aucune injure ;
il n'aura donc pas d'action contre vous. Mais au contraire,
si vous avez su que la matrone dont il s'agit était mariée,
le mari pourrait agir contre vous, lors même que vous
eussiez ignoré de qui elle était femme (2).

Remarquons encore que l'*animus injuriandi* n'est pas
incompatible avec la bonne foi dans la pensée de l'auteur
de l'injure. Un exemple le fera comprendre. Un de mes
esclaves a été tué, et convaincu sur des apparences trom-
peuses que vous êtes son meurtrier, je le proclame hautement. Plus tard, on découvre le vrai coupable ; pourrez-
vous alors me poursuivre pour injure? Assurément. Sans
doute, si je vous ai accusé du meurtre de mon esclave,
c'est que, de bonne foi, je vous en croyais l'auteur ; mais
il n'en est pas moins vrai qu'en répandant cette imputation je savais qu'elle portait atteinte à votre considération.
Ainsi j'avais l'*animus injuriandi* et cela suffit pour qu'il
y ait eu délit de ma part (3).

Mais il est bien entendu que partout où l'élément intentionnel fera défaut, nous serons obligés d'écarter l'action
d'injures. Les jurisconsultes romains poussaient l'application de ce principe jusque dans ses dernières limites.

(1) Dig., *hoc tit.*, l. 18, § 3.
(2) Dig , *hoc tit.*, l. 18, §§ 4 et 5.
(3) M. Grellet-Dumazeau, sur *la Diffamation*, liv. I, ch. ı, sect. 6.

Un magicien, consulté sur le compte de Mævius, déclare qu'il est un voleur. En réalité, Mævius est un honnête homme et il le démontre. Pourra-t-il, dans ces conditions, intenter notre action contre le devin? Non; car ce dernier est réputé ne pas avoir eu *l'animus injuriandi* (1). Une pareille solution est rigoureusement logique, et cependant on s'en étonnera peut-être, si l'on songe qu'elle protège une classe d'hommes que les textes postérieurs du Code considèrent comme une peste sociale et punissent des supplices les plus terribles (2).

SECTION III.

Du ressentiment de l'injure.

Le délit d'injures a ceci de particulier que, pour qu'il existe, il ne suffit pas de la mauvaise intention d'un homme, intention même réalisée par des actes; il n'y a délit qu'autant que l'injure est ressentie par celui à qui elle s'adresse. C'est ce qu'on exprime en disant que l'action d'injures *dissimulatione aboletur*. La personne ne se sentant pas offensée, une action *injuriarum* ne peut naître à son profit. *Ideo,* dit Justinien, *si quis injuriam dereliquerit, hoc est, statim passus ad animum suum non revocaverit, postea ex pœnitentia, remissam injuriam non poterit recolere* (3). Ainsi donc, il n'y a point délit, si dès le principe la personne injuriée a dédaigné l'injure. D'un autre côté, l'action est impossible, le délit est complètement effacé, si la personne qui d'abord s'était

(1) Dig., *hoc. tit.*, l. 15, § 13.
(2) Cod., liv. 9, tit. 18, ll. 4 et 7.
(3) Inst., liv. 4, tit 4, § 12.

émue de l'offense l'a ensuite pardonnée. Aussi l'action *injuriarum* est-elle éteinte *ipso jure* par un simple pacte. Par suite de la même idée, l'action ne peut être intentée que dans l'année, et elle s'évanouit par la mort de celui qui pouvait l'intenter (1).

SECTION IV.

De l'illégalité du fait injurieux.

C'est encore là une condition essentielle du délit qui nous occupe : *Juris executio non habet injuriam* (2).

Le créancier qui use à l'encontre de son débiteur récalcitrant des moyens de coercition que la loi lui accorde, ne saurait être poursuivi pour injure.

Le magistrat qui condamne justement un plaideur, n'est pas davantage soumis à notre action (3). Toutefois, il en serait autrement s'il avait excédé les limites de son pouvoir, en proférant contre un plaideur des paroles injurieuses.

Enfin, ne donnent jamais lieu à l'action *injuriarum* les mesures prises par l'autorité dans l'intérêt de la chose publique et des bonnes mœurs, lors même qu'en fait ces mesures porteraient atteinte à la réputation de quelque citoyen (4).

(1) M. Demangeat, *Cours élémentaire de Droit romain*, tom. II, p. 413.
(2) Dig., *hoc tit.*, 1. 13, § 1.
(3) Dig., *ibid.*
(4) Dig., *hoc tit.*, 1. 33.

CHAPITRE II

Principales divisions des injures.

Nous savons qu'au point de vue de leur mode d'accomplissement, les injures se divisent en injures *réelles*, *verbales, écrites.*

Nous avons dit aussi qu'elles peuvent être faites *aut in corpus, aut in dignitatem, aut in infamiam.*

Nous ne reviendrons pas sur ces divisions; mais il nous en reste deux autres importantes à faire connaître :

1° Au point de vue de la gravité, les injures sont graves ou atroces (*injuria atrox*), simples ou légères (*injuria levis vel simplex*);

2° On peut être injurié dans sa propre personne, c'est l'injure *directe;* on peut l'être dans la personne d'autrui, c'est l'injure *indirecte.*

SECTION I.

Des injures légères et des injures atroces.

Atrocem injuriam quasi contumeliosiorem et majorem accipimus (1).

Les jurisconsultes romains ont laissé dans le vague la question de savoir, d'une façon absolue, quelles sont les injures atroces et quelles sont celles qui n'ont pas ce caractère. Toutefois, des nombreuses espèces qui nous

---

(1) Dig., *hoc tit.*, 1. 7, § 7 — Gaïus, III, 225 — Inst., liv. 4, tit. 4, § 9.

sont offertes, il est permis de déduire quelques principes généraux, tout en laissant au juge, en cette matière, la plus grande latitude d'appréciation.

Quatre circonstances peuvent donner à une injure le caractère d'*atrocitas* (1).

A — Une première cause d'aggravation, c'est l'importance du mal causé; *vulneris magnitudo atrocitatem facit...* Un œil crevé, la diffamation *per libellos famosos*, constituaient des injures atroces. On cite encore le cas d'une personne blessée grièvement ou fouettée de verges (2).

B — L'atrocité résulte aussi de la qualité de la personne injuriée, ou, pour mieux dire, de la distance que son rang social ou les convenances mettent entre elle et le délinquant; *crescit enim contumelia ex persona ejus qui contumeliam fecit.* C'est la pensée si bien rendue à la tribune française par M. de Falloux : « L'injure, disait-il, » suit la loi des corps graves; elle n'a de poids qu'autant » qu'elle tombe de haut. » Ainsi, les injures qui n'eussent été que légères de la part d'hommes libres, prenaient le caractère d'atroces quand elles étaient commises par un esclave ou un homme *abjectæ conditionis*. L'injure faite au patron par son affranchi, au père de famille par son fils est une *injuria atrox*. Il en est de même de l'injure qui s'adresse à un magistrat, à un sénateur, à un prêtre (3).

C — Une autre circonstance, qui sans doute ne suffit pas à elle seule pour constituer l'*atrocitas injuriæ*, mais qui y concourt utilement en s'ajoutant aux autres, c'est

(1) Dig., *hoc tit.*, 1. 7, § 8.
(2) Dig., *hoc tit.*, ll. 8 et 9, *pr.*
(3) Gaïus, III, 225 — Inst., liv. 4, tit. 4, § 9 — Dig., *hoc tit.*, l. 17, § 3.

celle qui résulte *ex tempore*. Une injure commise en plein jour est plus grave qu'une injure commise de nuit (1).

D — En quatrième lieu, *atrocitas injuriæ æstimatur ex loco;* par exemple, si la personne a été injuriée au théâtre, ou sur la place publique, ou en présence du préteur (2).

Quel intérêt pratique y a-t-il à savoir si l'injure est ou n'est pas atroce? L'intérêt existe sous plusieurs rapports.

(a) Le résultat le plus important de notre division, c'est que toute circonstance qui aggrave l'injure aggrave en même temps la peine à intervenir. Par application de cette idée, nous voyons qu'une injure ayant été adressée à un fils de famille, le coupable peut être condamné plus sévèrement en tant qu'il a injurié le fils, moins sévèrement en tant qu'il a injurié le père, si par exemple, le fils était revêtu de quelque dignité (3).

(b) Le fils de famille, devenu *sui juris*, et l'affranchi n'ont pas, en principe, l'action d'injures contre leur père ou leur patron. On la leur accorde cependant si l'injure est atroce (4).

(c) Supposons qu'une *injuria atrox* ait été commise par un esclave. Si le maître est présent, l'injurié a contre lui l'action noxale; s'il est absent, on peut faire conduire l'esclave devant le magistrat pour être fouetté (5). Dans le cas où l'injure commise était simplement légère, la victime ne pouvait jamais qu'agir noxalement contre le maître.

---

(1) Paul., *Sent.*, liv. V, tit. 4, § 10.
(2) Inst. — Gaïus, *loc. cit.*
(3) Dig., *hoc tit.*, l. 30, § 1, et l. 31.
(4) Dig., *hoc tit.*, l. 7, §§ 2 et 3.
(5) Dig., *hoc tit.*, l. 9, § 3.

(d) Gaïus nous dit que de son temps c'était le préteur lui-même qui estimait l'injure atroce. Il fixait pour quelle somme serait fait le *vadimonium ;* la même somme était indiquée dans la formule, et le juge, bien qu'il pût condamner à une somme moindre, n'osait pas habituellement user de ce pouvoir, *propter ipsius prætoris auctoritatem* (1).

SECTION II.

Des injures directes et des injures indirectes.

Jusqu'ici, dans nos explications, nous avons toujours envisagé les injures comme s'adressant à la personne même de l'injurié. Cependant, en droit romain, une personne peut exercer l'action *injuriarum* à raison d'un outrage qu'elle n'a pas reçu directement, mais qui est passé, en quelque sorte, par une personne tierce pour arriver à elle. Ulpien nous le dit textuellement : *Item aut per semetipsum alicui fit injuria, aut per alias personas* (2)... Les cas d'injures indirectes peuvent se ramener à trois classes.

I — L'injure adressée à une personne *alieni juris* rejaillit contre le père de famille. Il importe au surplus de distinguer ici entre les fils de famille et les esclaves.

A — L'injure s'adresse-t-elle à un *filiusfamilias*, on peut dire qu'en général elle l'atteint lui-même et qu'elle réfléchit aussi contre le père. Deux actions d'injures naissent alors : l'une du chef du fils, l'autre du chef du père ; et, en principe, c'est le père qui les exerce toutes les deux, puisque lui seul profite des acquisitions réalisées

---

(1) Gaïus, III, 224.
(2) Dig., *hoc tit.*, l. 1, § 3.

par son fils. Cette règle toutefois n'est pas absolue; il peut
arriver qu'une injure adressée à un fils en puissance n'en-
gendre qu'une seule action : par exemple, si le fils de
famille avait été vendu, de son propre consentement,
comme esclave, ou si, trop jeune pour comprendre l'injure
qui lui était faite, il n'en avait éprouvé aucun ressentiment (1). Dans ces hypothèses, le *paterfamilias* n'aurait
qu'une seule action à exercer : celle née de son propre
chef. Réciproquement, l'injure ressentie par le fils peut
ne pas réfléchir contre le père, à raison de la *dissimulatio*
de ce dernier. On arrive alors à ce résultat bizarre, mais
absolument logique, que le père dépourvu d'une action
lui appartenant en propre en exercera cependant une du
chef de son enfant.

B — S'agit-il maintenant d'une injure dirigée contre
un esclave, aucune action ne naît de son chef, puisqu'il
est une simple chose. Le maître seul pourra se trouver
injurié dans son esclave; encore faudra-t-il que l'intention
de l'offenseur soit évidente et que le fait présente un
caractère d'atrocité. Dans ce cas, le maître a non pas une
double action, l'une pour son esclave, l'autre pour lui;
il n'a qu'une seule action en son propre nom. Tel était le
droit civil rigoureux. Mais les mœurs s'adoucirent graduel-
lement, des idées de clémence et d'humanité se firent jour,
et le préteur, l'homme de la pratique, dut tenir plus de
compte de la personnalité réelle de l'esclave. Dans le cas
où l'action ne compète pas régulièrement au maître, il la
lui donne cependant du chef de l'esclave, tantôt sans
examen, tantôt après examen (2).

---

(1) Inst. 4, tit. 4, § 12 — Dig., *hoc tit.*, 1, 1, § 5.
(2) Dig., *hoc tit.*, l. 15, §§ 33, 34, 35, 43, 44.

Si l'esclave a plusieurs maîtres, l'action accordée par le droit civil appartient à tous, et chacun d'eux en bénéficie *non pro ea parte qua dominus quisque est...., sed ex dominorum persona quia ipsis fit injuria* (1) ; au contraire les profits de l'action prétorienne exercée, *nomine servi*, doivent se diviser entre les maîtres proportionnellement à leur part de propriété (2).

Un esclave peut encore appartenir à deux personnes, à l'une en usufruit, à l'autre en nue propriété. On considère en général, à moins que les circonstances du fait n'y contredisent formellement, que l'injure à lui faite s'est adressée au propriétaire et non pas à l'usufruitier (3).

Enfin supposons que vous possédez de bonne foi un homme libre ou l'esclave d'autrui. En principe, ce n'est point vous qui serez réputé atteint par l'injure qu'on lui adresse, c'est lui-même ou son véritable maître qui aura l'action *injuriarum*. Toutefois il en serait autrement s'il était établi qu'il a été injurié *in contumeliam tuam* (4).

II — On comprend que l'injure adressée à une femme mariée doit réfléchir contre son mari. Cette règle est certaine, en droit romain, pour tous les cas où la femme se trouve *in manu viri ;* en effet, elle est alors *loco filiæ*. Mais lorsque la femme n'est pas *in manu*, le mari aura-t-il encore une action en réparation des injures à elle adressées? Le texte des Institutes (5), « *patitur quis injuriam..., item per uxorem suam, id enim magis prævaluit,* » nous prouve que de bonne heure une con-

---

(1) Inst., liv, 4, tit. 4, § 4.
(2) Dig., *hoc tit.*, l. 16.
(3) Inst., liv. 4, tit. 4, § 5.
(4) Inst., *hoc tit.*, § 6.
(5) Inst., *hoc tit.*, § 2.

troverse s'était élevée à ce sujet, et qu'à l'époque de Justinien l'affirmative avait fini par prévaloir. La même solution était-elle admise au temps de Gaïus? Un certain passage de ce jurisconsulte (1) semble n'accorder une action propre au mari que si la femme injuriée se trouve *in manu viri*. Mais le texte a évidemment été altéré, la construction de la première phrase suffirait à le démontrer. Lisons-le : *Pati autem injuriam videmur non solum per nosmetipsos sed et per liberos nostros quos in potestate habemus; item per uxores nostras quæ in manu sint.* La femme *in manu* étant *loco filiæ*, et, par conséquent, dans une situation identique à celle des *liberi in potestate*, la seconde partie du texte fait double emploi. Aussi MM. Pellat et Giraud s'accordent-ils à restituer les mots *quæ in manu nostra sint* de la manière suivante : *quamvis in manu nostra non sint,* ce qui donne à cette phrase un sens tout différent. D'ailleurs, l'espèce que Gaïus résout immédiatement après, confirme encore notre système. En effet, supposant qu'une injure est adressée à ma fille, qui est mariée à Titius, il dit que l'action d'injures peut être exercée *meo et Titii nomine :* si elle peut être exercée *meo nomine*, c'est que ma fille est sous ma puissance; or, étant sous ma puissance, il est impossible qu'elle soit en même temps sous la *manus* de son mari. Ainsi donc, que le mari ait ou non la *manus*, le droit naturel, l'obligation de protection qu'il a envers sa femme, suffisent pour l'identifier avec elle et avec toute injure qui lui serait adressée.

Il résulte des principes que nous avons exposés, que quatre actions peuvent naître d'un seul fait d'injures :

(1) Gaïus, III, 221.

deux en la personne des époux, deux en la personne de leurs pères respectifs.

On va plus loin encore et on décide que le fiancé est injurié dans la personne de sa fiancée et le beau-père dans la personne de sa bru, lorsque le mari n'est pas émancipé (1). — Mais jamais l'injure adressée à un homme ne réfléchit contre sa femme ou contre sa fiancée et cela parce que c'est le rôle naturel de l'homme de protéger sa femme, non d'être protégé par elle.

III — Il nous reste à parler d'une troisième classe d'injures indirectes : outrages envers les morts. La religion et les institutions nationales ne se bornaient pas à protéger les tombeaux, elles exigeaient aussi que les héritiers défendissent contre toute attaque la mémoire du défunt. Aussi, à côté de l'action populaire *sepulcri violati*, destinée à réprimer les violations matérielles de sépultures, la loi accordait, dans les autres cas, une action *injuriarum* aux héritiers. Ils étaient, en effet, réputés atteints par l'injure adressée à leur auteur, et rien n'était plus équitable que de les autoriser à en exiger réparation (2). Il faut d'ailleurs observer que l'héritier n'est investi de l'action que par l'adition de l'hérédité. Si donc une injure est adressée à un mort avant que sa succession soit acceptée, elle est censée faite plutôt à cette succession qu'à l'héritier futur. Après l'adition, au contraire, une pareille injure frappe l'héritier lui-même; c'est donc à lui immédiatement qu'appartient le droit d'en demander raison devant le préteur (3).

Il ne faut pas croire cependant que toute espèce d'allé-

(1) Dig., *hoc tit.*, 1. 15, § 24 — Inst., § 2.
(2) Dig., *hoc tit.*, 1. 1, § 4.
(3) Dig., *hoc tit.*, 1. 1, § 6.

gation déshonorante au sujet d'un mort fût interdite à Rome. Les jurisconsultes savaient concilier leur théorie avec les droits supérieurs de l'historien. Ce que l'on punissait, c'était uniquement, sans aucun doute, la calomnie où les imputations dictées par une malveillance qui ne s'appuyait pas sur des preuves. Mais les Romains admirent toujours que l'indépendance, l'impartialité absolue, sont les qualités maîtresses de l'écrivain, et que nul ne saurait être puni pour avoir dit une vérité, même dure à entendre. *Nam quis nescit,* nous dit Cicéron, *primam esse historiæ legem, ne quid falsi dicere audeat, deinde ne quid veri non audeat* (1)? Et nous ne voyons nulle part, en effet, que Pline le Jeune, Juvénal ou Catulle aient jamais été poursuivis comme diffamateurs à raison des jugements plus ou moins sévères contenus dans leurs œuvres.

(1) *De Orat.*, ii, 15.

CHAPITRE III

Des actions d'injures.

La législation romaine nous présente trois espèces d'actions d'injures, ayant chacune une origine distincte : *Injuriarum actio aut lege, aut more, aut mixto jure introducta est* (1).

Lege... C'est l'action d'injures organisée par la loi des XII Tables : système primitif, la plupart du temps injuste, et qui ne resta pas longtemps efficace.

Il fut remplacé par l'action prétorienne estimatoire d'injures, que les auteurs appellent *moribus introducta,* sans doute parce que le préteur dut puiser dans des usages établis peu à peu les éléments principaux de sa jurisprudence.

Aut mixto jure introducta... Ces mots font allusion à certaines lois spéciales intervenues à diverses époques sur la matière : loi *Cornelia, de injuriis;* — sénatus-consulte réglant le mode de procéder au cas de libelle diffamatoire.

SECTION I.

Système de la loi des XII Tables.

Si l'on s'en rapporte aux rares fragments que nous ont transmis divers auteurs de la fin de la République, ce sys-

---

(1) Paul., *Sent.*, liv. V, tit. 4, § 6.

tème était des plus simples. La VIIIe table, semble-t-il, prévoyait quatre chefs d'injures :

Ier CHEF. — **Injures légères.** — « *Si quis injuriam alteri faxit, viginti quinque æris pœnæ sunto* (1). » On conçoit aisément qu'une pareille condamnation manquait absolument son effet, au moins en ce qui concernait les citoyens riches. Un certain Lucius Veratius, dit-on, se chargea d'en fournir la preuve : il parcourut le forum, s'amusant à souffleter les gens qu'il trouvait sur son passage ; un esclave le suivait, qui payait immédiatement vingt-cinq as à chaque personne injuriée.

IIe CHEF. — « *Propter os collisum,* CCC *assium pœna erat statuta, si libero os fractum erat, at si servo,* CL (2). » Ainsi lorsque l'offense consistait dans la fracture d'un os (d'une dent), il y avait lieu, avant de prononcer la peine, de faire une distinction. La victime était-elle une personne libre, l'amende infligée au coupable était de trois cents as. Était-ce au contraire un esclave, la peine n'excédait pas cent cinquante as.

IIIe CHEF. — « *Si membrum rupit... talio esto.* » Ici, à la vérité, le texte ne semble pas distinguer. En principe, pour un membre rompu, la peine est le talion. Mais, en fait, cette peine ne s'appliquait jamais : le procès se terminait toujours soit par une transaction, soit par une condamnation pécuniaire prononcée au profit de l'offensé. Cette restriction résulte d'ailleurs des termes mêmes de la loi : « *Si membrum rupit, ni cum eo pacit...* »

IVe CHEF. — « *Si qui pipulo occentassit carmenve condissit quod infamiam faxit flagitumve alteri, fuste*

_____

(1) Aulu-Gelle, *Noctes atticæ*, 20, 1, et 16, 10.
(2) Gaïus, III, 223.

ferito. » Si quelqu'un diffame une personne soit par des paroles outrageantes, soit par quelque écrit scandaleux, qu'il reçoive la bastonnade. — On trouve des traces de cette disposition dans Cicéron, Horace, Porphyrien, Cornutus, Paul, Festus et Arnobe.

La loi Porcia ayant aboli le supplice de la bastonnade pour les citoyens romains, le droit nouveau remplaça encore sur ce point la législation des décemvirs.

SECTION II.

De l'action d'injures prétorienne.

§ 1. — *Notions générales.*

En présence du discrédit profond dans lequel tomba rapidement la législation des XII Tables, le préteur dut intervenir. Il créa un système plus rationnel et plus équitable, qui est encore en usage dans le droit de Justinien, « *in judiciis frequentatur.* »

Les parties étant une fois *in jure*, le demandeur, après avoir exposé ses griefs, estimait lui-même l'injure qu'il avait reçue; puis, sa prétention était exprimée dans l'*intentio* de la formule. On se rendait ensuite devant le juge (1) qui avait un pouvoir discrétionnaire pour condamner soit au montant de l'estimation ainsi faite, soit à une somme moindre (2). L'appréciation personnelle joue

(1) A l'origine, l'action *injuriarum* fut renvoyée devant les récupérateurs (Aulus-Gell., *Noct. attic.*, XX, ch. 1).

(2) Lorsqu'il s'agissait d'une injure atroce, le *vadimonium* était fixé par le préteur lui-même, et le juge, en prononçant la condamnation, adoptait toujours le même chiffre (V. *supra*, p. 27).

donc ici le plus grand rôle. On peut supposer deux juges également intègres, également éclairés ; saisis de la même action *injuriarum*, il est à peu près certain qu'ils n'arriveront pas au même chiffre de condamnation. Au surplus, l'*œstimatio injuriœ* dépend de la qualité et de l'honnêteté de la personne. S'agit-il même de l'injure faite à un esclave, une certaine gradation doit être observée par le juge eu égard à la condition de cet esclave.

Les textes parlent souvent de l'*arbiter* au lieu du *judex*. Ce point ne saurait soulever aucune difficulté, si l'on se rappelle que le juge et l'arbitre ne différaient guère que dans la mesure de leurs pouvoirs ; ceux du second sont plus étendus que ceux du premier : *Arbiter dicitur judex quod totius rei habeat arbitrium et facultatem* (1). D'ailleurs l'*arbiter* est toujours désigné dans la formule sous le nom de *judex*.

Le demandeur est tenu de bien préciser les faits sur lesquels il entend fonder son action. Le magistrat doit exiger qu'il les énonce clairement, succinctement, en indiquant bien quels sont les actes du défendeur dont il demande raison. Ne seraient point écoutées des allégations vagues par lesquelles il prétendrait qu'il a été molesté, maltraité, insulté, sans dire comment ni dans quelles circonstances. C'est qu'en effet, nous dit Ulpien, l'action d'injures entraîne l'infamie pour le défendeur qui succombe, et cette raison motive assez l'extrême circonspection que la loi recommande au magistrat (2). Dans les cas où le préteur ne doit délivrer la formule que *cognita causa*, il examinera les faits plus attenti-

---

(1) Festus, v° *Arbiter*.
(2) Dig., *hoc tit.*, 1. 7, *pr.*

vement encore et suivra dans leur appréciation les règles prescrites par l'usage.

Comment enfin la formule était-elle libellée? A cet égard, nous proposerons la rédaction suivante indiquée par Rudorff (1) : *Judex esto, quod in hoc anno quo primum experiundi potestas fuit, dolo malo Numeri Negidi, Auli Ageri pugno mala percussa est, quantæ pecuniæ tibi bonum æquum videbitur ob eam rem Numerium Negidium Aulo Agerio condemnari, dumtaxat sestertiorum tot millia, tantam pecuniam judex Numerium Negidium Aulo Agerio condemna; si non paret absolve.* Est-il besoin d'observer que la *demonstratio* variera suivant les diverses hypothèses? Elle devra, dans tous les cas, énoncer d'une façon nette et précise les faits incriminés.

§ 2. — *Caractères principaux de cette action.*

Dans l'action prétorienne d'injures on découvre cinq caractères principaux :

I — Elle est infamante : *Injuriarum civiliter damnatus, ejusque æstimationem inferre jussus, famosus efficitur.* Le défendeur ne peut même se soustraire à cette conséquence à l'aide d'une transaction : le pacte, en effet, n'efface point le délit, c'est plutôt un aveu. Cependant l'infamie n'est jamais prononcée que contre l'accusé qui comparaît personnellement. S'il se faisait représenter *ab initio* par un *procurator*, ni lui ni le *procurator* n'encourraient l'infamie (2).

(1) *Edict. perp.*, p. 174.
(2) Dig., liv. III, tit. 2, ll. 5 et 6, § 2,

II — L'action *injuriarum* est purement pénale. Son but n'est pas de maintenir intacte la fortune du demandeur, car le délit d'injures n'atteint directement l'offensé que dans sa personne et non dans son patrimoine. Si donc la condamnation se traduit par une peine pécuniaire, c'est une amende et non pas des dommages-intérêts. Ce que l'on poursuit, c'est uniquement la punition du coupable, et comme cette punition a pour résultat non seulement d'appauvrir le défendeur, mais encore d'enrichir le demandeur, on dit que l'action d'injures est pénale bilatérale (par opposition à certaines autres actions qui sont pénales pour le défendeur et *rei persecutoriæ* pour le demandeur).

Ce deuxième caractère de notre action présente un intérêt pratique considérable qui se fait particulièrement sentir à quatre points de vue :

1° Si le délit a été commis par plusieurs, l'action est donnée pour le tout, *in solidum*, contre chacun des délinquants. Chacun d'eux doit être puni aussi sévèrement que si lui seul avait commis le délit et, dès lors, le payement fait par l'un des individus qui en sont tenus, ne libère pas les autres.

2° L'action *injuriarum* étant une action pénale, peut s'exercer *noxaliter* contre le possesseur de l'esclave qui aurait commis l'injure.

3° Elle ne peut jamais être intentée contre l'héritier du coupable et d'autre part, le préteur ne l'accorde point aux héritiers de l'injurié : *Est certissima juris regula*, dit Gaïus, *ex maleficiis pœnales actiones in heredem non competere.*

4° Conformément aux principes de la procédure romaine, l'action d'injures pourra concourir quelquefois avec une action *rei persecutoria*. Ainsi le fait constitutif de l'injure entraîne-t-il en même temps un préjudice matériel? Il est bien juste que la victime obtienne réparation complète. Une double indemnité pécuniaire lui sera donc attribuée, l'une pour le tort matériel causé, l'autre pour le dommage moral résultant de l'injure. Chacune de ces indemnités sera poursuivie au moyen d'une action distincte et estimée d'après des bases différentes (1).

III — L'action d'injures est *in personam*; si elle est fondée, elle doit établir l'existence d'un rapport d'obligation entre les parties.

IV — Enfin, il faut la ranger parmi celles que l'on appelle *in factum conceptœ*, c'est-à-dire que sa *demonstratio* au lieu d'énoncer par son nom juridique un fait générateur d'obligations, raconte tout au long ce qui donne lieu à la poursuite. Ainsi, au lieu d'y lire : *Quod Numerius Negidius Aulo Agerio injuriam fecit,* nous y lirons : *Quod Numerius Negidius Aulum Agerium fustibus dolo malo cœdi procuravit.* C'est là d'ailleurs une distinction dont l'importance était surtout relative au libellé de la formule et qui dut disparaître postérieurement à Dioclétien, lorsque les *cognitiones extraordinariœ* remplacèrent le système formulaire.

Certains auteurs enseignent encore que l'action d'injures est de *bonne foi*, tandis que d'autres actions pénales seraient *stricti juris* (2). Cette idée est-elle juridiquement exacte? Je ne le crois pas : la distinction dont il s'agit s'applique seulement aux actions nées *ex contractu*, ou *quasi ex contractu*, et qui sont à la fois civiles et *in*

(1) Dig., *hoc tit.*, 1. 15, § 46.

(2) Parmi les actions pénales *stricti juris*, M. Demangeat cite, à titre d'exemple, l'action *furti* et l'action de la loi Aquilia.

personam. Sans doute, comme le dit lui-même Ulpien, *actio injuriarum ex bono et æquo est* (1) ; mais cela signifie simplement qu'en cette matière, le juge n'est enchaîné par aucune règle invariable, absolue, et que son devoir est de suivre les principes de l'équité, en appréciant le dol et la mauvaise foi.

§ 3. — *A quelles personnes compète l'action d'injures prétorienne ?*

Le magistrat accorde l'action *injuriarum* tant à celui qui a subi l'injure dans sa propre personne qu'à celui qui a été injurié dans la personne d'autrui. C'est là, nous le savons, une conséquence de cette solidarité d'honneur que créent les liens de famille et les droits de puissance. Je suppose qu'une injure ait été faite à un fils *alieni juris ;* l'action est, en principe, acquise au père. Cependant elle est quelquefois donnée au fils lui-même, *cognita causa :* lorsque, par exemple, le père est absent ou *furiosus* et qu'aucun mandataire ne se présente pour agir à sa place (2). Faudrait-il admettre la même solution, dans le cas où le père, présent, pardonnerait l'injure ou négligerait de poursuivre l'offenseur ? Non, dit Ulpien, le fils alors ne pourrait pas agir, sauf pourtant une restriction : l'action devrait être accordée au fils de famille honorable dont le père serait déshonoré et dépourvu de toute *existimatio* (3). Il peut aussi arriver que la victime du délit soit un petit-fils placé, ainsi que son père, sous la puissance d'un aïeul.

---

(1) Dig., *hoc tit.*, l. 11, § 1.
(2) Dig., *hoc tit.*, l. 17, § 10.
(3) Dig., *hoc tit.*, l. 17, §§ 13 et 14.

Si ce dernier est absent, l'exercice de l'action reviendra au père et non pas au petit-fils (1).

Une fois l'action exercée soit par le mandataire du père, soit par un ascendant quelconque du fils, soit enfin par le fils lui-même autorisé du magistrat, il va sans dire que le père ne saurait en aucune façon la reprendre pour l'exercer une seconde fois.

Faisons observer, en terminant, que le fils de famille admis à poursuivre en son propre nom la réparation du délit, doit être considéré comme *sui juris* pour tout ce qui concerne cette procédure. Enfin, si, à raison de certaines circonstances, il ne pouvait agir en personne, il aurait le droit de prendre un mandataire (2).

§ 4. — *Contre quelles personnes est accordée cette action?*

L'action *injuriarnm* n'est pas donnée seulement contre l'auteur de l'injure, contre celui *qui percussit*. Elle est donnée également contre l'instigateur du délit, contre celui *qui dolo fecit vel curavit ut cui mala pugno percuteretur* (3). Il y a sur ce point une différence à signaler entre notre action et l'action *furti*. Dans cette dernière, le complice n'est poursuivi que s'il a matériellement prêté la main à la perpétration du vol, en aidant par exemple le voleur dans son escalade ou son effraction, *ope et consilio* (4). S'il s'était, au contraire, borné à exciter moralement le coupable au délit, sans lui prêter

---

(1) Dig., *hoc tit.*, l. 17, § 18.
(2) Dig., *hoc tit.*, l. 17, § 19.
(3) Inst., § 11 — Dig., l. 11, *pr.*, et § 6 ; l. 5, § 10, *hoc tit.*
(4) Dig., liv. 47, tit. 2, l. 50, § 1 — liv. 50, tit. 16, l. 53, § 1.

son concours, l'action *furti* ne serait pas délivrée contre lui par le magistrat. Il en est tout autrement en ce qui concerne l'injure. Le simple mandat d'injurier quelqu'un expose celui qui le donne au recours de l'offensé (1).

Ainsi, en thèse, sont passibles de l'action d'injures l'auteur principal et le complice. Cette règle cependant n'est pas absolue; elle comporte certaines restrictions que nous devons faire connaître.

I — On n'admit jamais à Rome, même dans le dernier état du droit, qu'un fils en puissance pût exercer contre son père l'action *injuriarum*. C'était là une conséquence nécessaire de l'organisation de la famille romaine. On sait quelle fut à l'origine l'étendue de la puissance paternelle. Il est certain que, jusqu'à une certaine époque, le *filius-familias*, dépourvu de toute protection vis-à-vis de son père, fut soumis sans ressource à ses mauvais traitements. Sous l'Empire, quand on prit des mesures pour que le père n'abusât pas de cette autorité absolue qui lui avait été anciennement accordée, il n'en resta pas moins établi qu'aucun recours n'est ouvert à l'enfant en puissance contre les injures commises envers lui par son père.

La loi se montra plus indulgente à l'égard des enfants émancipés : ils pouvaient obtenir du magistrat la délivrance de la formule, à la condition que l'injure fût *atrox*.

II — Un esclave, tant qu'il est *in servitute*, et quelle que soit l'injure dont il ait à se plaindre, ne peut exercer aucune poursuite contre son maître (2). Le seul frein que les mœurs aient jamais apporté aux excès de la puissance dominicale est l'appel direct de l'esclave à la commisé-

(1) Dig., *hoc tit.*, l. 11, § 4 — Cod., liv. 9, tit. 2, l. 5.

(2) Réciproquement, si l'esclave commet un délit à l'encontre de son maître, il n'en résulte aucune action.

ration du prince et peut-être aussi, sous la République, l'intervention de l'autorité du censeur. Mais que décider relativement à l'affranchi? Pour citer son patron en justice, il devra obtenir la permission du préteur; et, là encore, cette autorisation ne sera accordée que si l'injure revêt un certain caractère de gravité (1). — Un mari *ingénu* demande-t-il à exercer l'action d'injures contre le patron de sa femme affranchie et du chef de cette dernière? La même condition est indispensable au succès de sa demande: il faut que les faits incriminés constituent une *injuria atrox*. — Supposons enfin qu'une injure *légère* soit commise par un patron non pas à l'égard de son affranchi, mais à l'égard de la femme ou du fils de l'affranchi, qu'arrivera-t-il? Le mari ou le père de la victime pourra-t-il agir, alléguant que l'injure a rejailli sur lui? Non, sans aucun doute : l'action lui serait refusée à cause de la légèreté de l'injure et des relations de patronat qui existent entre lui et l'offenseur. Il n'en faudrait pas conclure pourtant que ce dernier serait alors à l'abri de toute poursuite; car si la femme ou le fils ne sont pas eux-mêmes affranchis, s'ils sont libres, vis-à-vis du délinquant, des devoirs de l'*obsequium*, ils pourront exercer l'action de leur propre chef.

III — Nous devons enfin signaler l'immunité temporaire accordée à une certaine catégorie de magistrats. Tous les fonctionnaires, à Rome, étaient responsables de leurs méfaits et de leurs malversations. Mais s'il était toujours permis de citer en justice les magistrats d'un ordre inférieur, les magistrats supérieurs, au contraire, c'est-à-dire tous ceux qui étaient investis de l'*imperium*, ne pouvaient être actionnés tant qu'ils étaient en charge (2).

(1) Dig., *hoc tit.*, 1. 7, §§ 2 et 3.
(2) Dig., *hoc tit.*, 1. 32.

§ 5. — *De l'action d'injures accordée* noxaliter.

L'action noxale *injuriarum* est donnée en raison de l'injure atroce commise par un esclave. Elle est donnée contre le maître à qui il est permis de payer la *litis æstimatio*, la peine infligée au délit, ou de faire abandon de l'esclave. S'il s'en tient à ce dernier parti, trois hypothèses sont possibles : le maître pourra faire l'abandon noxal avant toute poursuite, *ante litem contestatam*, et par là il évite l'action (1); le maître peut aussi faire l'abandon après la *litis contestatio*, avant la sentence, et par là il évite la condamnation (2). Enfin l'abandon peut être fait par le maître même après qu'il a été condamné (3) : c'est là pour lui une obligation facultative.

Celui qui est victime du délit d'un esclave a un droit de créance, une action personnelle ; cependant il est investi d'un droit de suite, *noxalis actio caput sequitur*. Si votre esclave a commis une injure, tant qu'il reste sous votre puissance, c'est contre vous que l'action existe ; s'il passe sous la puissance d'un tiers, c'est ce tiers qui commence à être tenu de l'action ; s'il est affranchi, lui-même désormais est tenu, il est tenu directement et l'abandon noxal cesse d'être possible. A l'inverse, l'action directe peut devenir noxale : si un homme libre outrage Titius et qu'il devienne ensuite votre esclave, l'action de Titius, qui était d'abord directe, devient noxale vis-à-vis de vous (4). Du reste, pour être tenu de l'action noxale,

(1) Dig., liv. IX, tit. 4, 1. 29.
(2) Inst., liv. IV, tit. 6, § 31.
(3) Inst., liv. IV, tit. 8, *pr.*
(4) Inst., *eod. tit.*, § 5.

il n'est pas nécessaire d'être propriétaire, il suffit d'être possesseur de l'esclave. Et même le propriétaire n'en est pas tenu comme tel, mais seulement en tant que possesseur.

SECTION III.

De la loi Cornelia de injuriis.

Indépendamment de l'action d'injures réglementée par le préteur, la loi Cornelia (1) en avait introduit une autre pour trois cas limitativement déterminés : *Competit ob eam rem quod se pulsatum quis, verberatumve, domumve suam vi introïtam esse dicat*. Ce texte paraîtrait viser toute injure faite avec la main.

Quant aux expressions mêmes de la loi, Ulpien a voulu en préciser le sens et voici ce qu'il nous dit à ce sujet : *Verberare est cum dolore cædere, pulsare sine dolore*. Une pareille distinction avait son importance à Rome, surtout à l'époque classique, alors que la moindre inexactitude dans l'*intentio* de la formule entraînait pour le demandeur la déchéance de son droit.

Par *domus* il faut entendre non seulement le domicile proprement dit, mais encore toute maison où l'on ne fait pas un séjour momentané. Telle est du moins l'opinion d'Ulpien. Supposons, dit-il, qu'un citoyen ne soit à Rome que pour ses études; il n'y a certainement pas son domicile, et cependant si on entre par force dans la maison qu'il y habite, il aura l'action de la loi Cornelia, sans distinguer d'ailleurs s'il a le titre de propriétaire, de locataire, de fermier, etc. (2).

(1) Cette loi fut rendue sous la dictature de Sylla.
(2) Dig., *hoc tit.*, l. 5, § 2.

Labéon soutenait une opinion contraire qui ne semble pas avoir prévalu.

Le législateur avait organisé, en cette matière un double mode de répression : une action *civile*, pécuniaire, dans laquelle l'injure était toujours estimée par le juge seul; et, en outre, une poursuite *extra ordinem* qui tendait à l'application d'une peine criminelle (1). Ces deux actions n'appartenaient jamais qu'à l'injurié lui-même, et cela encore qu'il fût fils de famille (2). Il avait le droit de choisir la voie la plus avantageuse; mais, après avoir suivi l'une il ne pouvait revenir vers l'autre. Les principes les plus certains s'opposent en effet à ce qu'un même délit soit puni deux fois.

L'action criminelle de la loi Cornelia rentre dans la classe des *judicia extraordinaria*. C'est un *crimen privatum* qui ne peut être intenté que par certaines personnes déterminées, et le juge, relativement à la condamnation, y jouit de la plus grande latitude (3). Elle entraîne en général des peines fort sévères. Lorsque l'injure présentait un certain caractère de gravité, le coupable était, suivant sa condition, condamné à l'exil, *in metallum* ou *in opus publicum*. S'il était esclave, il était battu de verges en présence du magistrat, et rendu ensuite à son maître.

La loi Cornelia autorise le demandeur à déférer le serment à son adversaire. Celui-ci doit alors jurer qu'il n'a pas commis le délit ou référer le serment au demandeur, qui doit à son tour le prêter ou échouer dans sa demande.

---

(1) Paul, *Sent.*, liv. V, tit. 4, § 8.

(2) Sauf au père à recourir alors contre l'offenseur, à l'aide de la prétorienne estimatoire.

(3) Au contraire, l'exercice d'un *judicium publicum* appartenait *cuivis e populo* et était soumis à des règles particulières de procédure.

Signalons en terminant une particularité de cette loi. Quand l'action était intentée CIVILITER, les plaideurs pouvaient, conformément au droit commun, se faire représenter au procès par un *procurator ad litem*. S'agissait-il au contraire de l'action criminelle, chaque partie était tenue de venir en personne faire valoir ses droits et ses moyens de défense. Une exception toutefois fut apportée, sur ce point, par l'empereur Zénon, en faveur des *viri illustres* et des personnes d'une distinction supérieure qui purent dès lors accuser ou défendre *per procuratorem*.

SECTION IV.

Procédure spéciale en matière de libelles diffamatoires.

L'auteur d'un libelle diffamatoire ne pouvait être, à l'origine, poursuivi que par l'action prétorienne. Mais dans ce cas, pour obtenir la formule, le demandeur devait établir que l'écrit injurieux s'adressait bien réellement à lui. Si cette preuve était impossible, si la personne diffamée, comme il arrivait souvent, n'était pas désignée dans le libelle d'une façon assez claire, le coupable restait forcément impuni. Un sénatus-consulte, dont la date ne peut être précisée, vint combler cette lacune de la législation en créant un *judicium publicum*, ouvert *cuivis e populo*. Pour exercer la poursuite, on n'avait plus alors à prouver que l'on fût directement atteint par le libelle ; il suffisait d'établir, d'une manière générale, que l'auteur avait eu l'intention d'injurier quelqu'un. La peine portée contre les délinquants était la déchéance du droit de tester et d'être témoins : « *Intestabilis ex lege esse jubetur* (1). »

(1) Dig., *hoc tit.*, 1. 5, § 10.

Quant à la victime même de la diffamation, elle pouvait toujours agir en son propre nom, tant que cette action publique n'était pas mise en mouvement, et elle triomphait en démontrant que c'était bien elle que visait la publication délictueuse. Mais une fois l'action publique intentée, son droit était forclos.

Au *judicium publicum* institué par ce sénatus-consulte succéda, paraît-il, une *cognitio extraordinaria* pour la répression des mêmes délits et des délits analogues. Il se pourrait même qu'il y eût là une extension des dispositions de la loi Cornelia aux contraventions dont nous venons de parler. Au moyen de cette poursuite *extra ordinem*, le délinquant et son complice pouvaient être condamnés à la rélégation dans une île (1).

La composition et la publication des libelles diffamatoires n'étaient pas les seuls délits soumis à une poursuite criminelle.

Ainsi la loi 10, au Code (*de episcopis et clericis*), punit de la peine de mort quiconque entrait dans une église pour faire injure aux prêtres et aux ministres de la religion.

Les outrages aux mœurs sont passibles de la peine de mort, suivant qu'ils ont été ou non consommés (2).

Un certain sénatus-consulte avait également créé une action criminelle au profit de l'offensé contre celui qui, *in invidiam alterius*, affectait de porter le portrait de l'Empereur; la peine encourue était la prison (3).

Enfin, pour toutes les injures qui n'avaient pas fait

---

(1) Paul., *Sent.*, liv. V, tit. 4, § 15.
(2) Paul., *eod. tit.*, § 22.
(3) Dig., *hoc tit.*, l. 37.

l'objet de lois spéciales, Justinien nous apprend qu'en outre de l'action civile ordinaire, on avait encore une action criminelle, *extra ordinem,* pouvant entraîner contre le coupable une peine corporelle proportionnée à la gravité de l'injure et à la dignité de la victime (1).

(1) Paul., *eod. tit.,* §§ 11 et 21 — Inst., liv. IV, tit. 4, § 10 — Dig., *hoc tit.,* l. 45.

CHAPITRE IV

Des exceptions et moyens de défense opposables à l'action d'injures.

L'instance étant engagée, c'est au demandeur à faire sa preuve. Il ne saurait triompher dans sa poursuite s'il n'établit tout d'abord les deux points suivants : 1° qu'un fait réellement injurieux a été commis à son égard; 2° que l'auteur de ce fait est le défendeur. Cette preuve une fois faite, une condamnation sera-t-elle toujours prononcée? Non, assurément, car, sans contester au fond l'exactitude des faits ainsi démontrés, le défendeur peut, à l'aide d'une exception insérée dans la formule, se prévaloir d'un droit distinct, indépendant, de nature à paralyser celui de la partie adverse. Seulement, on applique alors la règle : *Reus excipiendo fit actor;* sur ce nouveau terrain où il vient se placer, l'accusé se trouve en présence des preuves du demandeur; pour échapper à la peine qu'elles réclament contre lui, il doit, à ses risques et périls, établir ses moyens de défense et démontrer à son tour la vérité des faits sur lesquels il s'appuie.

Parmi les exceptions opposables à l'action *injuriarum,* il y en a trois qui ne soulèvent aucune difficulté et sur lesquelles nous glisserons rapidement. Ce sont : 1° la remise de l'injure; 2° la mort de l'une des parties; 3° la prescription.

Nous examinerons ensuite avec quelques détails cette question importante : En droit romain, la vérité des faits diffamatoires est-elle une excuse pour le défendeur à l'action d'injures?

§ 1. — *Remise de l'injure.*

La remise de l'injure, dans un sens général, est l'abandon que la victime fait de l'action dont elle est investie. Cette remise est expresse ou tacite.

Elle peut résulter d'un pacte *de non petendo* consenti à l'offenseur. Ce pacte anéantit d'une façon irrévocable les droits de celui qui l'a consenti. En vain l'offensé conviendrait-il ensuite, avec sa partie, *ut agere possit;* celle-ci pourra toujours. opposer efficacement à une poursuite l'exception *pacti conventi*, et son adversaire ne sera pas admis à y répondre par la *replicatio doli*. L'action d'injures est de celles qu'un simple pacte peut anéantir, mais qu'il est impuissant à engendrer (1). Il y a encore remise expresse de l'injure lorsque le différend a déjà été terminé par une transaction ou un serment (2).

D'un autre côté, l'action *injuriarum* s'éteint par le pardon, même tacite, de la victime, *dissimulatione aboletur*. Celui qui se renferme dans un mépris calme et philosophique au moment où il est insulté, ou qui pardonne après coup l'injure qui lui a été adressée, ne saurait être admis désormais à poursuivre une vengeance à laquelle il a renoncé implicitement : *Postea ex pœnitentia remissam injuriam non poterit recolere* (3).

§ 2. — *Mort de l'une des parties.*

L'action *injuriarum*, purement pénale, n'est point

---

(1) Dig., liv. II, tit. 14, l. 27, § 2.
(2) Dig., l. XII, tit. 2, l. 3, § 1.
(3) Dig., *hoc tit.*, l. 11, § 1; l. 17, § 6.

transmissible passivement ; elle doit donc s'éteindre par le décès de l'offenseur. Il est certain, d'autre part, qu'en cette matière, le droit est exclusivement attaché à la personne de l'injurié et ne peut être par suite accordé aux héritiers de celui-ci (1). D'ailleurs, dans l'une et l'autre hypothèse, il faut supposer que le décès se produit antérieurement à la *litis contestatio*. Au cas contraire, on retomberait en effet sous l'empire de la règle générale : *Omnes actiones quæ tempore vel morte pereunt, semel inclusæ judicio, salvæ permanent.*

§ 3. — *De la prescription.*

Un silence trop prolongé, chez la victime d'une injure, fait naturellement présumer son intention de pardonner. Une demande en justice n'aboutira donc que si elle est formée dans un bref délai. Ce délai est d'une année utile à compter du jour où l'injurié a connu ou pu connaître le délit. Toutefois, ce caractère temporaire est spécial à l'action d'injures prétorienne. Quant aux actions particulières dérivant soit de la loi Cornelia, soit des sénatus-consultes, elles sont perpétuelles, c'est-à-dire que dans le dernier état du droit, depuis la Constitution de Théodose le Jeune, elles se prescrivent par trente ans (2).

§ 4. — *La vérité des faits diffamatoires excuse-t-elle le défendeur?*

La loi des XII Tables n'avait point prévu cette question ; ses dispositions étaient absolues.

---

(1) Nous savons qu'il en est autrement quand l'outrage s'adresse à la mémoire d'un mort.

(2) Gaïus, IV, § 110 — Inst., liv. IV, tit. 12, *pr.*

Nous avons dit en quoi consista la réforme du préteur et nous savons qu'il modifia les peines trop rigoureuses de l'*ipsum jus* en les rendant arbitraires. Il est permis de penser que sous l'influence de ces idées plus humaines, on ne tarda pas à considérer la vérité des faits allégués comme une excuse et à permettre au défendeur d'en rapporter la preuve. C'est du moins ce qui résulte d'un passage d'Horace, qu'il n'est pas sans intérêt de relater ici. Le poète discute avec son ami Trebatius les droits de la satire et le dialogue suivant s'établit entre eux :

Trebat.   *...Equidem nihil hinc diffingere possum.*
Sed tamen ut monitus caveas, ne forte negoti
Incutiat tibi quid sanctarum inscitia legum,
Si mala condiderit in quem quis carmina, jus est
Judiciumque.
Horat.   *Esto si quis mala; sed bona si quis*
Judice condiderit laudatus Cæsare? Si quis
Opprobriis dignum latraverit integer ipse?
Trebat. *Solventur risu tabulæ : tu missus abibis (1).*

Cet acquittement était-il dicté par des prescriptions formelles ou bien était-il dû à l'humanité, à la bienveillance du juge qui, désarmé par le rire, renvoyait le spirituel diffamateur des fins de la poursuite? Toujours est-il qu'au temps d'Horace la vérité du fait imputé était une cause d'excuse à la condition que le détracteur fût lui-même irréprochable, « *integer ipse.* »

Paul imprima le premier à cette pratique mal définie l'autorité d'une règle positive qui, plus tard, érigée en loi, prit place aux Pandectes de Justinien (2). Le célèbre

(1) *Sat.*, liv. II, sat. 1.
(2) Dig., *hoc tit.*, l. 18, *pr.*

jurisconsulte s'exprime ainsi : *Eum qui nocentem infamavit, non esse bonum æquum ob eam rem condemnari, peccata enim nocentium nota esse et oportere et expedire.* C'est la réponse à la question que nous nous posions tout à l'heure ; il importe d'en bien faire connaître l'esprit.

Un grand nombre de systèmes ont été proposés par les commentateurs. Farinacci (1), reproduisant toutes les opinions soutenues de son temps, arrive au nombre considérable de dix, en comptant la sienne. Nous n'avons pas l'intention de les énumérer toutes : nous nous bornerons à faire connaître les trois systèmes principaux qui, de nos jours encore, se trouvent en présence.

I — Bermundus et Jacobi (2) voyaient dans la loi *Eum qui nocentem* la consécration absolue de la règle : *Veritas convicii excusat ;* la vérité du fait allégué est toujours une excuse lors même que le propos aurait été tenu avec l'intention de nuire. Attribuant au mot *nocentem* un sens excessivement large, ces auteurs l'appliquaient à tous les malheureux affligés d'une infirmité ou d'une maladie contagieuse dont la révélation intéressait leurs concitoyens. Puis, de déductions en déductions, ils arrivèrent à absoudre même le divulgateur des infortunes conjugales d'un mari, lorsque, devant le juge, il établit l'exactitude de ses dires.

II — Au XVIe siècle une autre école s'efforça de restreindre l'application de la maxime : *Veritas convicii excusat.* D'après Perezius, il ne suffit pas que le fait imputé soit vrai pour qu'aucune peine ne soit encourue,

---

(1) Auteur peu connu, professeur à Montpellier au XVe siècle.
(2) Jurisconsultes de l'école de Montpellier au XIVe siècle.

le défendeur doit prouver en outre qu'il n'a pas eu l'*animus injuriandi*. La loi *Eum qui nocentem*, à la vérité, ne s'explique pas sur ce point important; mais on complète ses dispositions à l'aide d'un rescrit de Dioclétien et Maximien qui forme la loi 5, au Code *(de injur.)*. « *Si non convicii consilio te aliquid injuriosum dixisse probare potes, fides veri a calumnia te defendit. Si autem in rixam inconsulto calore prolapsus, homicidii convicium objecisti, et ex eo die annus excessit; cum injuriarum actio annuo tempore præscripta sit, ob injuriæ admissum conveniri non potes.* » Voici comment on traduit ce texte : « Si tu peux prouver que le propos
» diffamatoire qu'on te reproche n'a pas été proféré par
» toi dans un esprit d'injure, la preuve de la vérité du
» fait que tu as imputé *(fides veri)* te met à l'abri de
» l'action en calomnie. Mais si, entraîné imprudemment
» dans une rixe par un mouvement de colère, tu as imputé
» un fait de meurtre et qu'une année se soit écoulée
» depuis cette imputation, comme l'action d'injures se
» prescrit par un an, tu ne peux plus être recherché par
» la voie de cette action. » En d'autres termes, l'acquittement du défendeur ne serait prononcé que moyennant une double condition : 1° la preuve du fait allégué; 2° l'absence de toute intention de nuire.

Nous verrons tout à l'heure si cette manière d'entendre et de combiner les textes est bien conforme à la pensée des jurisconsultes romains.

III — M. Grellet-Dumazeau (1) se rallie à une troisième opinion qui nous semble seule admissible. La loi *Eum qui nocentem* n'autorise la preuve du fait diffamatoire

____

(1) *Revue de législation*, année 1845.

que dans un but d'ordre public, et l'absolution du défendeur est alors subordonnée à la réunion des trois conditions suivantes :

1° Un fait allégué reconnu vrai;

2° Un fait constituant une faute imputable à son auteur;

3° L'intérêt de la société à connaître ce fait et à le réprimer.

Ces trois conditions sont nécessaires, mais suffisantes; elles dérivent nettement des termes mêmes de la loi et renferment dans des limites précises son champ d'application.

Jacobi va beaucoup trop loin lorsqu'il prétend qu'à Rome un fait vrai n'a jamais constitué une injure. Si, dans l'intention d'offenser Titius, vous le traitez publiquement de mari trompé, c'est en vain que vous offrirez de prouver la vérité de vos allégations. Le bénéfice de la loi *Eum qui nocentem* ne vous est point applicable, parce que vous ne vous trouvez pas dans le cas particulier qu'elle prévoit. Cette loi, en effet, veut deux choses avant tout : un coupable (*nocentem*) et l'intérêt de la société. Y a-t-il un coupable dans un mari trompé et la société est-elle intéressée à le savoir? Non assurément, et dans l'espèce l'action *injuriarum* doit suivre son cours.

Viendra-t-on nous objecter maintenant la constitution *Si non convicii?* Mais ce texte, il en faut bien saisir le sens. Que dit-il, en résumé? « Si tu parviens à démontrer qu'en tenant des propos injurieux sur quelqu'un, tu n'as eu aucune intention de nuire (*non convicii consilio*), cette preuve (*fides veri*) te met à l'abri de toute condamnation. » Cette loi ne fait donc que proclamer un principe général que nous connaissons déjà : l'injure gît dans l'intention de nuire, et c'est au défendeur à prouver qu'il n'a pas eu cette intention. Mais ce principe n'est pas absolu, et le texte de Paul y apporte une notable restriction. Lorsqu'il s'agit d'un fait délictueux dont la divulgation intéresse la République, le diffamateur sera absous s'il en rapporte la preuve. Ici, la question intentionnelle disparaît complètement. Le juge n'a pas à rechercher si le défendeur a été inspiré par un désir de vengeance ou par un sentiment plus élevé. La loi ne voit qu'une chose : le résultat obtenu ; quant au mobile, elle ne s'en préoccupe pas. Mais il n'en est pas moins vrai qu'en thèse il faut toujours, même dans le cas de la loi *Eum qui nocentem*, supposer l'intention d'injurier. S'il en était autrement, le texte de Paul n'aurait plus de sens, puisque, sans cette intention, il ne saurait y avoir délit d'injures.

Je me résume. La constitution *Si non convicii* et la loi *Eum qui nocentem* ne doivent en aucune façon se confondre. La première n'est que la paraphrase d'un principe de droit commun : *Injuria ex affectu facientis,* — point de délit sans intention de nuire. — L'autre, au contraire, d'une portée plus restreinte, fait abstraction de l'*animus injuriandi*. L'intérêt de la société ne légitime pas l'intention de nuire; mais elle l'exclut en ne permettant pas de la rechercher.

Tel fut, suivant nous, le système du droit romain pur, attesté par les jurisconsultes les plus éminents.

Il est vrai toutefois qu'à une certaine époque, sous Constantin et ses successeurs, la règle : *Veritas convicii non excusat* parut se faire jour. Ainsi le Code Théodosien contient sur les libelles diffamatoires dix lois qui condamnent, en toute hypothèse, le coupable à une peine capitale, qu'il fasse ou non la preuve de son dire. Mais, il faut le remarquer, ces constitutions étaient toutes conçues dans un but politique et destinées à défendre les chrétiens contre les pamphlets et les calomnies des hérétiques. Justinien, d'ailleurs, les abrogea toutes à l'exception d'une seule, et l'on peut affirmer qu'au VIe siècle, comme à l'époque classique, la législation romaine sur cette matière était exclusivement renfermée dans la loi *Eum qui nocentem.*

Ce fut donc seulement au moyen âge et sous l'influence de décisions canoniques mal interprétées, que prit naissance entre les commentateurs la controverse que nous venons d'exposer. Elle influa nécessairement sur la jurisprudence des diverses contrées de l'Europe. En France, les pays de droit écrit inclinèrent du côté de la loi *Eum qui nocentem* sainement entendue. Les pays de coutumes optèrent en général pour la jurisprudence canonique exprimée par cette maxime : *Veritas convicii non excusat.*

DEUXIÈME PARTIE

ANCIEN DROIT FRANÇAIS

Sous les successeurs de Justinien, le droit romain avait fini par se répandre dans toutes les provinces de l'Empire, de telle sorte qu'au Ve siècle, les règles que nous venons d'étudier sur les injures et les libelles diffamatoires devaient être, pour ainsi dire, universellement appliquées. Cette unité de législation ne fut pas de longue durée : elle disparut à la suite des invasions barbares.

Les Germains, en s'établissant dans un pays, y apportaient leurs lois et leurs institutions; mais ils ne les imposaient pas aux vaincus et ceux-ci continuèrent d'être régis par leur *lex romana*. On vit alors, dans chacun des États fondés sur les ruines de l'Empire romain, deux populations distinctes subsister côte à côte sans se confondre, et pendant longtemps un droit distinct fut applicable à chacune d'elles : aux vainqueurs le droit germanique, aux vaincus, le droit romain. C'est ce qu'on appelle le système de la personnalité des lois. « Le Franc, dit Montesquieu, était jugé par la loi des Francs, le Bourguignon par la loi des Bourguignons; le Romain par la loi romaine; et bien qu'on songeât alors à rendre uniformes les lois des peuples conquérants, on ne pensa pas même à se faire législateur du peuple vaincu (1). » La législation se maintint avec ce caractère jusqu'à la féodalité. Alors, la France commença à se diviser en une infinité de petites seigneuries où prévalurent des coutumes locales, des usages particuliers qui, fatalement, se substituèrent aux dispositions de plus en plus mal comprises du droit romain. Dans ces circonstances, le système de la personnalité fit place au système de la territorialité : les personnes furent soumises, indépendamment de leur origine germaine ou romaine, à la loi du pays qu'elles habitaient. A la même époque se manifesta la grande division entre les pays coutumiers, au nord, et les pays de droit écrit, au sud.

Comme nous n'avons rien à ajouter désormais à nos explications sur le droit romain, nous nous bornerons à dire ici que les règles que nous avons exposées furent généralement admises dans les pays de droit écrit. Nous sommes par conséquent amenés à diviser simplement cette partie de notre étude en deux chapitres : Époque barbare (de 486 à 888); droit coutumier (de 888 à 1789).

(1) Montesquieu, *Esprit des lois*, liv. 28, ch. 2.

CHAPITRE I

Époque barbare. — Droit germanique.

Les monuments du droit germanique parvenus jusqu'à nous ne renferment que de rares dispositions sur la matière qui nous occupe. La diffamation était, en quelque sorte, inconnue des Barbares. Chez eux, la haine et la vengeance ne prenaient guère les voies tortueuses et détournées de la calomnie pour se manifester. Ce que l'on remarque surtout, en effet, dans les sociétés primitives, ce sont les délits de grossières injures, de violences et de voies de fait. Toutefois, au contact d'une civilisation plus avancée, les mœurs germaniques, tout en conservant leur originalité, ne tardèrent pas à se modifier. Aussi, lorsque après la conquête les vainqueurs voulurent consigner leurs coutumes dans des lois écrites, furent-ils naturellement conduits à édicter certaines peines contre les calomniateurs.

I — L'édit du roi Théodoric (§ 50), dont le droit romain forme d'ailleurs la base unique, renferme à cet égard une disposition qui semble avoir généralisé le principe de la loi *Eum qui nocentem*. Ce texte est ainsi conçu : « *Occultis secretisque delationibus nihil credi debet; sed eum qui alicui defert ad judicium venire convenit, ut si quod detulit non potuerit adprobare, capitali subjaceat ultioni* (1). » Ne résulte-t-il pas de là qu'il est permis de faire sur autrui toutes sortes de révélations à la con-

____

(1) Édit de Théodoric, 50.

dition d'en démontrer l'exactitude? L'édit va même beaucoup plus loin que la loi romaine; il n'exige pas en effet, à la différence de celle-ci, que les faits divulgués intéressent l'ordre public. S'agit-il de véritables délits qu'il est utile, dans l'intérêt général, de dénoncer hautement, ou bien s'agit-il de faits quelconques ou d'infirmités absolument indifférentes au point de vue moral? Peu importe : là solution est la même dans tous les cas, *veritas convicii excusat*. Telle est l'interprétation qui nous semble appartenir au passage précité.

II — La loi salique s'exprime en des termes différents qui consacrent, suivant nous, cette distinction que n'avait point admise l'édit de Théodoric. Voici, en effet, comment est conçu le titre XXXII, *de Conviciis* : « *Si quis alterum canitum clamaverit, si quis concacatum clamaverit, si quis alterum vulpiculam clamaverit; si quis alterum leporem clamaverit; — si quæ mulier ingenua aut vir mulierem meretricem clamaverit et non potuerit adprobare; si quis alterum delatorem, falsatorem clamaverit et non potuerit comprobare...;* » dans tous ces cas, il y aura lieu à une composition dont la loi indique le chiffre. Or, si l'on examine la rédaction de ce texte, on y découvre aisément deux parties distinctes. Dans la première, le législateur vise ces épithètes injurieuses qui n'ont d'autre but et d'autre résultat que de froisser l'amour-propre des personnes ou de ternir leur considération, sans aucune utilité pour l'intérêt public. D'après la loi salique, ces sortes d'outrages sont toujours punissables, et la preuve que l'on ferait des faits allégués ne mettrait pas à l'abri des poursuites. La deuxième partie de notre texte s'applique à une autre hypothèse. Vous avez, par exemple, appelé une femme *meretricem*, ou bien vous avez traité quelqu'un de traître, de faussaire ; ce sont là des révélations que la société est intéressée à connaître. Par conséquent, si vous en établissez l'exactitude, vous échapperez à toute répression. En d'autres termes, la disposition dont il s'agit n'est autre chose que l'application de la règle *Eum qui nocentem*, telle que nous l'avons expliquée.

III — Maintenant, si nous arrivons à l'examen de la loi lombarde, nous y trouvons deux textes très importants qui résument tout le système des lois germaniques sur la diffamation.

A — Le livre I du titre V, *de Conviciis*, prévoit le cas où un homme, est traité publiquement de mari trompé (*cucurbitam*). Si l'insulteur, poursuivi en justice, déclare que l'injure lui est échappée dans un moment de colère, mais qu'en réalité il la considère comme mal fondée, il devra payer l'amende. Mais s'il persévère dans son dire et qu'il prétende pouvoir le prouver, la loi ne s'y oppose pas : il a un moyen de faire sa preuve, c'est le duel judiciaire : « *Per pugnam convincat si potuerit.* »

B — Une autre disposition de la même loi nous fait connaître la procédure suivie dans une espèce particulière. Vous adressez une injure grave (*fornicariam aut strigam*) à une jeune fille ou à une femme ingénue qui est sous le *mundium* de quelqu'un. Si, poussé par le repentir vous déclarez n'avoir parlé que sous l'influence de la colère, il faudra qu'assisté de douze cojureurs vous en fassiez le serment. Puis vous payerez l'amende et ne devrez plus calomnier. Maintenez-vous, au contraire, vos allégations, en offrant de les prouver, alors on recourra au jugement de Dieu, en champ clos. A la suite de cette épreuve, si la culpabilité de la femme est démontrée, cette femme devra composer ; sinon l'accusateur téméraire sera condamné à payer une composition tarifée d'après le rang et la naissance de la personne calomniée (1). Nous retrouvons, dans ce document, l'application absolue de la maxime : *Veritas convicii excusat*. Telle était bien d'ailleurs la règle qui convenait à la rude franchise germanique. Hâtons-nous de dire cependant que sous l'influence toujours croissante de l'Église, ces principes se transformèrent peu à peu. L'esprit de charité inhérent au christianisme fit admettre dans le droit canon une règle tout opposée : *Veritas convicii non excusat*. Des tendances nouvelles furent imprimées aux esprits et la preuve des faits diffamatoires, prohibée d'abord en matière religieuse seulement, finit par être interdite dans tous les cas. On découvre encore, il est vrai, dans les Capitulaires, la sanction pénale du principe que nous venons d'indiquer : *Qui in alterius famam publice scripturam aut verba confinxerit et repertus scripta non probaverit flagelletur* (2). Mais c'est là le dernier monument d'une législation qui s'éteint, et nous devons croire, avec tous les auteurs, que les coutumes germaniques disparurent complètement avec la seconde race.

(1) L. Lomb. II, *de Injuriis mulierum*.
(2) Liv. VII, capitul. 278.

CHAPITRE II

Droit coutumier.

Dans les pays de coutumes, la matière de la diffamation se trouvait soumise à des règles confuses, mal définies, dont il serait impossible de donner ici une analyse complète. Ce qui est certain, c'est qu'on y laissait une large place à l'arbitraire du juge. Les peines contre l'injure ne reposent sur aucune base précise. Elles dépendent de la nature de l'outrage, des circonstances et du lieu dans lesquels il a été commis, de la qualité de la personne offensée.

On faisait généralement une distinction absolue entre l'injure et la diffamation calomnieuse. Il est vrai que Dareau, dans son *Traité des injures* ne s'explique point à cet égard; mais son annotateur Fournel a soin de nous faire observer que l'auteur confond deux choses bien différentes. « La calomnie, nous dit-il, s'opère par le récit d'une imputation injurieuse. Une seule phrase, une seule ligne et quelquefois un instant suffisent pour consommer le délit. Mais pour caractériser la diffamation, il faut une calomnie continuée et qu'il y ait un plan combiné de donner de la consistance et de la publicité à l'imputation injurieuse, en la renouvelant à plusieurs reprises et auprès de différentes personnes. D'où il résulte qu'il peut y avoir trois distinctions, savoir : calomnie sans diffamation; — diffamation sans calomnie; — enfin calomnie et diffamation tout à la fois (1). »

______

(1) Fournel sur Dareau, tom. I, chap. 1ᵉʳ sect. 1.

— Que faut-il décider maintenant en ce qui concerne la preuve des faits injurieux ou diffamatoires? Jousse fait les distinctions suivantes (1).

(a) Les injures faites en justice, comme les accusations de crimes, les récusations, les reproches, les inscriptions de faux, les requêtes ou mémoires adressés aux ministres, aux gens du roi, etc., ne peuvent point être punies, lorsqu'elles sont vraies (2).

(b) L'offense a-t-elle lieu hors justice? Dans ce cas, si elle se produit sous la forme d'un libelle, l'auteur doit toujours être condamné; la vérité même des faits allégués ne saurait être pour lui une excuse. S'agit-il, au contraire, d'injures verbales, il faut rechercher dans quelles conditions elles ont été proférées. Quand il y a eu, par exemple, certaines provocations de la part de la personne injuriée, ou bien lorsque les circonstances paraissent exclure l'*animus injuriandi*, et que d'ailleurs le prévenu fait la preuve de ses imputations, l'injure dépouille alors son caractère criminel, le délit disparaît complètement en vertu d'une sorte de compensation : *Injuriæ mutua pensatione tolluntur*. Mais si l'insulteur n'a pas été attaqué le premier et si l'intention coupable se trouve chez lui suffisamment établie, aucune excuse ne peut être invoquée. Il faut toujours prononcer une condamnation quand même l'injure aurait dévoilé un crime dont il conviendrait de tirer vengeance dans l'intérêt public. Ce principe était, à la vérité, soumis à quelques restrictions : d'après la jurisprudence, on pouvait impunément reprocher à quelqu'un le crime dont il avait été convaincu. Telle est, en

____

(1) Jousse, *Traité de la Justice criminelle de France*, liv. XXIV, tome III.

(2) Voyez ordonn. de 1539, art. 41 — ordonn. de 1667, tit. 23, art. 2 — ordonn. crim., tit. 15, art. 20.

effet, la solution consacrée par un arrêt du 8 octobre 1640 (1). Néanmoins, même dans cet ordre d'idées, on revenait encore parfois à la règle générale. Lorsque, par exemple, le coupable avait obtenu sa grâce du prince, il n'était plus permis de réveiller, par des imputations malveillantes, le souvenir d'un crime dont la peine avait été remise.

Enfin il y a lieu de remarquer que, dans la plupart des Coutumes, les personnes viles et infâmes n'avaient pas l'action d'injures. On considérait comme contraire au bon sens d'admettre à se plaindre d'une atteinte à leur considération des gens qui ne pouvaient revendiquer autre chose que l'ignominie et la honte.

— Dans le droit coutumier, une double voie était ouverte à quiconque désirait obtenir réparation d'une injure : l'action civile et l'action criminelle. Le demandeur pouvait choisir entre ces deux poursuites ; mais s'il recourait à la voie criminelle, il devait, dans tous les cas, porter son action devant le juge du lieu du délit (ordonn. de 1670, tit. I, art. 1). L'action criminelle est accordée à diverses personnes : 1° à l'offensé lui-même ; 2° à tous ceux qui se prétendent atteints par l'injure faite à leur parent (2). Nous devons ajouter que l'action intentée par l'un des intéressés n'empêchait pas qu'elle ne pût être également intentée par les autres. Ce n'est là, d'ailleurs, que l'application nécessaire des principes si rationnels du droit romain.

En général, lorsqu'il s'agissait de simples injures verbales, les juges ne devaient point procéder par voie

(1) Rapporté par Bouvat, t. II, v° *Injures.*
(2) Arrêt du 12 janvier 1582.

d'information. Les règlements voulaient qu'en pareil cas les demandes en réparation fussent portées à l'audience pour y être jugées sommairement si le défendeur avouait, ou par la voie de l'enquête en cas de contrariété dans les faits. Les Parlements avaient formulé cette règle dans de nombreuses décisions; et, notamment, un arrêt de règlement du 28 novembre 1695 fait défense expresse aux lieutenants criminels de procéder extraordinairement en matière légère.

— Dans notre ancien droit, le temps pour intenter l'action d'injures est d'un an à l'égard des simples offenses verbales. L'action alors est annale, comme en droit romain. Mais s'il y a eu des excès réels commis, il faut vingt ans pour prescrire la peine. Cette prescription est établie par l'art. 8 du chapitre XXIX de la Coutume d'Auvergne, par l'art. 334 de la Coutume de la Marche, et par divers arrêts qui l'ont ainsi jugé. Toutefois la Lorraine avait, sur ce point, une jurisprudence particulière. La plainte devait être donnée dans la huitaine, à compter du jour où l'offensé a eu connaissance de l'injure; et l'action doit être ensuite intentée dans l'an et jour. C'est ce que décide, en effet, l'art. 6 du titre XVIII de la Coutume générale de cette province.

L'action en réparation d'injures s'éteignait également par le décès de celui qui avait fait l'injure ou de celui à qui elle avait été faite. L'action ne passait donc point aux héritiers, à moins cependant qu'il n'y eût eu une poursuite intentée par le défunt avant l'expiration du délai légal, ou que l'injure n'eût été faite à la mémoire du défunt.

La réconciliation expresse ou tacite était encore une cause d'extinction de l'injure que l'on présumait, dans ce cas, avoir été remise. Charondas rapporte un arrêt du 24 mai 1561, par lequel les parties furent mises hors de Cour et de procès, sur une action d'injures, parce que, depuis les injures dites et proférées, les parties s'étant trouvées à la même table avaient bu à la santé l'une de l'autre (1). Certains auteurs cependant prétendaient que la personne injuriée était censée n'avoir remis que la vengeance par la réconciliation, et qu'elle pouvait ensuite demander des dommages-intérêts.

Au point de vue des pénalités, avons-nous dit, aucune règle fixe n'avait été posée.

Les injures entre gentilshommes donnaient lieu à des réparations déterminées par les arrêtés des maréchaux, et notamment par celui du 22 août 1653. Les peines principales portées par ces règlements étaient, pour les paroles injurieuses qui n'avaient point été *repoussées*, un mois de prison ; — pour le *démenti* ou *menaces de coups de main ou de bâton,* deux mois de prison ; — pour les offenses actuelles de *coups de main* et autres semblables, six mois de prison ; — pour *coups de bâton* et autres pareils outrages, un an de prison. — Après avoir subi sa peine, l'offenseur était tenu, en outre, de demander pardon à l'offensé et même de recevoir de lui des coups semblables à ceux qu'il avait portés (art. 7 et suiv.). Ces coups donnés de sang-froid à un adversaire qui ne pouvait se défendre avaient assurément quelque chose d'odieux. Mais, sans doute, la générosité de l'offensé corrigeait le plus souvent la dureté des règlements sous ce rapport.

C'était là, d'ailleurs, la loi d'une classe privilégiée. Relativement aux roturiers, les injures étaient considérées

____

(1) Voyez Merlin, *Répert. de jurispr.*, vº *Injure,* § VI.

d'ordinaire comme moins coupables, comme portant une atteinte moins profonde à l'ordre public, et par suite, elles étaient punies moins sévèrement. Il faut reconnaître pourtant que les offenses rangées dans la catégorie des injures *atroces* étaient toujours passibles de peines fort rigoureuses. Ainsi un enfant, qui avait levé la main sur son père ou sur sa mère, était condamné à mort quoiqu'il ne les eût pas blessés. S'il les insultait par des paroles, il était condamné à la peine des galères ou au bannissement perpétuel.

Lorsqu'il s'agissait d'injures verbales et légères, le juge se contentait le plus souvent de condamner l'offenseur aux dépens et de lui faire défense d'injurier à l'avenir l'offensé.

Si l'injure verbale était grave, et tendait à flétrir la réputation d'autrui, on condamnait le coupable à déclarer à l'audience, nu-tête, et quelquefois à genoux, tant en présence de l'offensé que d'un certain nombre de ses parents et amis, à son choix, que mal à propos et indiscrètement il avait tenu les discours injurieux mentionnés au procès; qu'il s'en repentait, en demandait pardon à l'offensé et le reconnaissait pour homme de bien et d'honneur. De plus, on condamnait l'offenseur, selon les circonstances, à des dommages-intérêts et même à une aumône et aux dépens, avec défense de récidiver; et l'on permettait à l'offensé de faire imprimer et afficher le jugement, jusqu'à concurrence d'un certain nombre d'exemplaires. Au surplus, nous trouvons dans l'ordonnance de 1670 une disposition qui consacre expressément le pouvoir discrétionnaire du juge en cette matière. Voici, en effet, dans quels termes est conçu l'art. 7 du titre III : « Les accusateurs et dénonciateurs, qui se trouveront mal fondés, seront condamnés aux dépens, dommages et intérêts des accusés et à plus grande peine s'il y échoit; ce qui aura lieu à l'égard de ceux qui se seront rendus parties ou qui, s'étant rendus parties, se seront désistés, si leurs plaintes sont jugées calomnieuses. » Comme on le voit, ce texte laisse aux tribunaux le soin de déterminer, d'après la gravité du délit, la répression à intervenir. Quant à cette plus grande peine dont parle l'ordonnance, c'est quelquefois l'amende honorable, l'amende pécuniaire, le blâme, le bannissement, etc..., suivant les circonstances (1).

— Une particularité commune à notre ancien droit et à la législation romaine sous les Empereurs chrétiens, c'est la rigueur extrême avec laquelle on s'était attaché à réprimer la publication des libelles diffamatoires.

L'art. 13 de la déclaration du 17 janvier 1561 veut que tous imprimeurs, semeurs et vendeurs de placards et libelles diffamatoires soient punis du fouet, pour la première fois, et de mort en cas de récidive.

Des lettres patentes du 10 septembre 1563 faisaient défense à toutes personnes, « sous peine de confiscation » de corps et de biens, de faire ni semer libelles diffa- » matoires. »

L'ordonnance de Moulins interdit « à tous les sujets » du roi d'écrire, imprimer et exposer en vente aucuns » livres, libelles ou écrits diffamatoires et convicieux » contre l'honneur et renommée des personnes, sous » quelque prétexte et occasion que ce soit; et déclare les » auteurs de telles écritures, imprimeurs et vendeurs, et » chacun d'eux, infracteurs de paix et perturbateurs du » repos public; et, comme tels, veut qu'ils soient punis

(1) Voyez Merlin, *Répert. de jurispr.*, v° *Calomnie.*

» des peines contenues ès édits du royaume ; enjoint aux
» sujets du roi, qui ont tels livres ou écrits, de les brûler,
» sur les peines desdits édits (1). »

L'édit du mois de janvier 1626 déclare que tous ceux qui se trouveront avoir attaché ou semé des placards ou libelles diffamatoires, seront punis de la peine de mort.

La déclaration du 10 mai 1728 vint, à la vérité, modérer pour quelque temps, ce système de pénalités excessives.

L'art. 10, en effet, n'inflige plus que le carcan pour la première fois, et, en cas de récidive, cinq années de galères. Mais on peut constater encore une nouvelle recrudescence de sévérité dans la déclaration du 16 avril 1757.

D'ailleurs, il suffit d'ouvrir les recueils des arrêts des Parlements pour se convaincre que cette législation n'était pas restée à l'état de lettre morte. Qu'on nous permette de citer quelques exemples avant de terminer.

Un gentilhomme nommé Pierre Dugué, sieur de Belleville, pour avoir composé des livres diffamatoires contre le roi, fut condamné, par arrêt du 1er décembre 1584, à être pendu et brûlé avec ses ouvrages, en place de Grève. — Vers la même époque, un huissier du Parlement de Paris fut pendu pour avoir affiché des placards contre l'autorité publique.

Un religieux, prieur de Cinq-Mars, en Touraine, pour avoir composé, fait imprimer et avoir lui-même distribué un libelle injurieux et calomnieux contre deux particuliers, et contraire au respect dû à l'archevêque de Tours, fut condamné, par un arrêt du 22 février 1716, à comparaître dans la Chambre de la Tournelle, pour y déclarer, en présence des personnes offensées et de douze autres,

---

(1) Ordonn. de Moulins (février 1566), art. 77.

à leur choix, qu'il s'en repentait et en demandait pardon à Dieu, au roi et à la justice. Il fut, de plus, condamné à un bannissement de cinq ans.

Un arrêt du Parlement de Bourgogne du 29 janvier 1781 déclare Étienne Guilleminot, clerc tonsuré du diocèse d'Autun, « dûment atteint et convaincu d'avoir fabriqué » plusieurs écrits injurieux et calomnieux et d'y avoir » apposé des signatures fausses. Pour réparation de quoi, » le condamne à être appliqué au carcan, un jour de » marché, en la ville de Beaune, par l'exécuteur de la » haute justice et y rester une heure, ayant écriteaux » devant et derrière portant ces mots en gros caractères : » *Faussaire et calomniateur,* et pour plus ample répa- » ration, le bannit à perpétuité hors du royaume, lui fait » défense d'enfreindre son ban, sous les peines portées par » l'ordonnance, et déclare tous ses biens acquis et confis- » qués au profit de qui il appartiendra, sur iceux pris » préalablement la somme de cent livres, en cas que » confiscation n'ait lieu au profit de Sa Majesté. »

Enfin tout le monde sait que Jean-Baptiste Rousseau fut condamné, par un arrêt du 7 avril 1712, à un bannissement perpétuel hors du royaume, comme ayant été jugé l'auteur de vers diffamatoires qu'on lui imputait (1).

---

(1) Voyez Merlin, *Répert. de jurispr.*, *loc. cit.*

CHAPITRE III

Droit intermédiaire.

La Constituante, dans son œuvre de rénovation profonde, ne pouvait adopter de semblables institutions. Le but que l'on poursuivait alors, c'était la liberté sous toutes ses formes. Il ne faut donc pas nous étonner si nous trouvons proclamée en tête de la Constitution, parmi les droits du citoyen, la liberté de la pensée, de la parole et de la presse. « Nul homme ne peut être poursuivi pour raison des écrits » qu'il aura fait imprimer ou publier sur quelque matière » que ce soit, si ce n'est qu'il ait provoqué à dessein la » désobéissance à la loi, l'avilissement des pouvoirs cons- » titués, la résistance à leurs actes, ou quelques-unes des » actions déclarées crimes ou délits par la loi (1). »

Et, sur les ruines du passé anéanti, l'immortelle Assem- blée formulait encore des principes d'une sagesse indis- cutable et qui devaient être le germe de toute la législation qui nous régit actuellement : « La censure sur les actes » des pouvoirs constitués est permise; mais les calomnies » volontaires contre la probité des fonctionnaires publics » et la droiture de leurs intentions dans l'exercice de leurs » fonctions, pourront être poursuivies par ceux qui en » sont l'objet. Les calomnies et injures contre quelques » personnes que ce soit, relatives aux actions de leur » vie privée, seront punies sur leurs poursuites. »

(1) Const. des 3-14 septembre 1791, titre III, ch. 5.

Comme on le voit, la Révolution ne se borna pas à abolir les pénalités barbares de l'ancien droit : elle fit subir à toute la matière qui nous occupe une réforme radicale. A moins qu'il ne s'agît d'une attaque directe contre la constitution même de la société, le ministère public n'avait point à exercer des poursuites *ex officio suo*. C'était aux fonctionnaires ou aux particuliers calomniés à demander civilement réparation de l'offense. La réaction dépassait le but. L'ancien droit s'était montré d'une sévérité excessive envers les libellistes et les diffamateurs. Le législateur de 1789 eut le tort, à son tour, de laisser en dehors de l'action publique des faits contre lesquels la froide raison exige une répression sociale. Ce résultat, d'ailleurs, s'explique aisément : l'heure de la réorganisation complète n'était pas encore venue, elle ne pouvait précéder l'expérience du régime nouveau. Dans les révolutions politiques, rarement les mêmes mains détruisent et réédifient, et, si l'Assemblée Constituante laissa beaucoup à faire aux pouvoirs qui lui ont succédé, du moins elle eut la gloire de poser les bases sur lesquelles devait s'asseoir la société qu'elle régénérait.

Ainsi, pendant la période transitoire qui s'étend de 1789 à 1810, nous ne découvrons dans les lois de la France que des règles insuffisantes sur la calomnie et l'injure.

La calomnie, qui se commettait par des écrits anonymes ou signés, n'était pas qualifiée de délit et n'était punie d'aucune peine par la législation nouvelle. Elle ne pouvait donner lieu qu'à des condamnations de dommages-intérêts.

Il y avait pourtant un cas où ce genre de calomnie était susceptible de la peine capitale, c'était lorsque les écrits calomnieux consistaient en lettres anonymes ou signées de noms supposés, tendant à faire passer les personnes auxquelles on les adressait pour complices d'un crime attentatoire à la sûreté générale de l'État. Tel est, en effet, le sens d'un décret du 6 floréal an II. Ce texte signale les fabricateurs de pareilles lettres comme des conspirateurs dangereux pour la République, et rappelle que la loi inflige la peine de mort aux personnes convaincues de ce crime.

A part cette exception, le droit intermédiaire ne punissait que l'injure verbale. Encore n'en donnait-il aucune définition. Mais la jurisprudence avait suppléé à cette lacune en décidant que pour qu'il y ait délit, il faut que les propos incriminés tendent à attaquer la probité, l'honneur, la réputation de quelqu'un ou à porter atteinte à son crédit ou à la considération dont il jouit (1). Envisagées à ce point de vue, les injures verbales étaient de la compétence des juges de paix, aux termes de l'art. 18 du décret des 19-22 juillet 1791, titre II. Toutefois, il faut observer que, dans une hypothèse particulière, les tribunaux civils ordinaires pouvaient statuer sur ces sortes de délits et condamner civilement l'offenseur ; c'est lorsque les injures étaient proférées à leur audience et qu'ils les jugeaient calomnieuses ou excédant les bornes d'une défense légitime (2).

Sous le Code du 3 brumaire an IV, les injures verbales devaient être punies sur la poursuite ou sur les conclusions du ministère public d'une amende qui ne pouvait excéder la valeur de trois journées de travail, ou d'un emprisonnement qui ne pouvait excéder trois jours (art. 605).

---

(1) Cass., 8 septembre 1809.
(2) Cass., 3 brumaire an X.

Suivant les art. 426 et 432 du même Code, la calomnie qui consistait à intenter sciemment contre quelqu'un une accusation fausse ne pouvait être punie que de dommages-intérêts. Aucune loi, d'ailleurs, ne limitait le taux de ces réparations civiles auxquelles le calomniateur pouvait être condamné.

En ce qui concerne les outrages et les menaces par paroles où par gestes, faits aux fonctionnaires publics dans l'exercice de leurs fonctions, ils tombaient sous la juridiction des tribunaux correctionnels. L'art. 19 du décret des 19-22 juillet 1791 détermine la peine qui, dans ce cas, devait être prononcée : c'était une amende qui ne pouvait excéder dix fois la contribution mobilière et un emprisonnement qui ne pouvait excéder deux années. — Lorsqu'il y aura récidive, ajoute le texte, la peine sera portée au double. — L'art. 20 voulait que les mêmes condamnations fussent prononcées contre ceux qui outrageraient ou menaceraient par paroles ou par gestes soit les gardes nationales, soit les troupes de ligne, se trouvant au corps de garde ou sous les armes, ou dans un poste de service.

CHAPITRE IV

Système du Code pénal.

Une expérience de vingt années avait démontré surabondamment les vices et l'insuffisance de la législation intermédiaire sur la diffamation. Assurées de l'impunité, l'envie et la haine n'avaient pas craint d'attaquer la réputation des hommes les plus recommandables. Aussi, lors de la rédaction du Code pénal, sentit-on le besoin de mettre un frein à de tels excès et de réglementer la matière d'une façon plus complète (1).

Dix articles furent édictés sur la calomnie et les injures (art. 367 et suiv.).

— Les éléments essentiels du délit de calomnie étaient : 1° l'*imputation* contre une personne d'un fait de nature à l'exposer à des poursuites criminelles ou correctionnelles ou tout au moins au mépris des citoyens; 2° la *publicité* de l'imputation.

La peine était graduée sur la gravité du fait calomnieux. Si ce fait était de nature à mériter la peine de mort ou les travaux forcés à perpétuité ou la déportation, le coupable devait être puni d'un emprisonnement de deux à cinq ans et d'une amende de deux cents à cinq mille francs. Dans tous les autres cas, l'emprisonnement était d'un mois au moins et de six mois au plus, et l'amende de cinquante francs à deux mille francs (art. 371). En outre, de même que les Romains marquaient au front le

(1) Locré, *Législation de la France, Code pénal*, t. II, p. 491.

calomniateur de la lettre initiale de son délit, la nouvelle
loi, par une disposition moins barbare, lui imprimait le
sceau d'une réprobation temporaire en le privant pendant
un temps déterminé (cinq ans au moins, dix ans au plus)
de la plupart des droits civils et de famille (art. 374).

Une autre règle originale, inaugurée par le Code de
1810 et qu'il importe de mettre en lumière, est celle qui
rejette ou défend d'admettre, dans l'accusation de calomnie, les preuves justificatives qui ne seraient pas
légales. Quelles sont donc ici les preuves légales? La loi
n'en reconnaît pas d'autres que celles qui résultent d'un
jugement ou d'un autre acte authentique (art. 368 et
370). — « Le calomniateur, disait au Corps législatif
M. Monseignat, cherchera en vain une excuse dans une
prétendue notoriété publique, source trop féconde d'une
erreur commune; il ne saurait aussi trouver une garantie
de ses assertions dans des gazettes, dans des écrits imprimés, qui ne sont que trop souvent des recueils de
mensonge et d'imposture... Tout fait, qui présentera les
caractères de la calomnie et qui ne sera pas consacré par
un jugement ou consigné dans un acte authentique, sera,
par cela seul, réputé faux et calomnieux quand même il
serait d'ailleurs conforme à la vérité. Il n'aurait pas la
vérité légale, la seule que la loi veuille reconnaître (1). »

Cette théorie fut admise presque sans discussion. M. le
comte de Ségur présenta bien, il est vrai, quelques obser-
vations au Corps législatif; il exprima le désir qu'on allât
jusqu'à punir la médisance dans tous les cas, indépendamment de toutes preuves légales ou autres. Mais il lui
fut répondu « qu'on ne pouvait pas empêcher un citoyen

______

(1) Locré, *Code pénal*, t. II, p. 536.

de rappeler un jugement affiché et rendu public; » on soutint « que le récit de faits établis par des actes authentiques, s'il est quelquefois désobligeant, ne saurait jamais être coupable, et que celui qui a commis une action honteuse, constatée de cette manière, n'est pas fondé à se plaindre quand le public en parle; il y a souvent même, ajoutait-on, de l'avantage pour la société à laisser circuler la connaissance de faits légalement prouvés contre tel ou tel, cela pouvant empêcher d'autres personnes de tomber dans les mêmes fautes et le frein de l'exemple n'étant pas, en législation, un moyen à dédaigner (1). »

Ces raisons parurent alors péremptoires et le système que nous venons d'exposer fut adopté.

— Outre le délit de calomnie, le Code pénal réprimait encore toutes injures ou expressions outrageantes qui ne renferment pas l'imputation d'un fait précis, mais celle d'un vice déterminé. A cet égard, le législateur de 1810 introduisit une innovation importante que ses successeurs ont consacrée à leur tour. On distingua, en effet, entre l'injure publique et l'injure non publique.

Si l'injure a été proférée dans des réunions ou lieux publics, insérée dans des écrits imprimés ou non imprimés, mais répandus et distribués, elle présente une offense grave et donne lieu à une peine correctionnelle qui peut varier entre 16 fr. et 500 fr. d'amende (art. 375).

Les injures qui n'offraient pas ce double caractère de gravité et de publicité n'étaient punies que des peines de simple police (art. 376).

La loi du 17 mai 1819 reproduisait à peu près littéralement ces dispositions.

---

(1) Locré, *Code pénal*, t. II, pp. 407 et suiv.

— Avant de terminer ce rapide aperçu, il n'est peut-être pas sans intérêt de dire quelques mots d'un genre de délit distinct, mais voisin de la matière qui nous occupe : nous voulons parler de la dénonciation calomnieuse prévue également par le Code pénal.

La dénonciation d'un acte répréhensible faite à un magistrat est un fait licite en lui-même, et dans certains cas, prescrit par la loi. L'art. 30 du Code d'instruction criminelle l'impose comme un devoir à ceux qui ont été témoins de certains crimes. Mais elle devient délictueuse lorsque au lieu d'avoir été dirigée par l'intérêt du bien public, elle n'a eu d'autre mobile que le mensonge, la haine ou la vengeance, en signalant à la justice des personnes innocentes. C'est cette dénonciation que l'art. 373 du Code pénal réprime dans les termes suivants : « Quiconque aura fait par écrit une dénonciation calomnieuse contre un ou plusieurs individus, aux officiers de justice ou de police administrative ou judiciaire, sera puni d'un emprisonnement d'un mois à un an et d'une amende de 100 fr. à 3,000 fr. »

Sans entrer dans de longs commentaires sur ce texte, disons simplement que toute dénonciation, pour revêtir le caractère calomnieux, doit : 1° reposer sur des faits matériellement faux ou non prouvés, ou dépourvus de tout intérêt au point de vue de la répression; 2° avoir été portée témérairement, sans motif légitime; 3° être l'expression spontanée de la volonté du dénonciateur et la cause déterminante de l'action criminelle ou disciplinaire dont elle provoque l'exercice; 4° de plus, il faut qu'elle ait été faite par écrit et adressée aux officiers de justice ou de police administrative ou judiciaire.

La dénonciation calomnieuse diffère de la diffamation

principalement à un double point de vue : d'abord en ce que la diffamation n'existe pas moins lorsque l'imputation qui en fait l'objet est vraie, tandis que la dénonciation suppose nécessairement la fausseté du fait imputé; ensuite en ce que la diffamation exige la publicité de l'imputation, tandis que la dénonciation lance ses traits dans l'ombre et clandestinement.

Notons enfin que l'art. 373 est encore en vigueur et que les réformes apportées à la législation postérieurement au Code pénal n'ont jamais modifié en quoi que ce soit le sens ou la portée de ce texte.

TROISIÈME PARTIE

LÉGISLATION ACTUELLE

(Lois de 1819 et de 1881).

CHAPITRE I

Exposé général.

On a dit souvent, et c'est la vérité, que les lois sur la presse, à cause de leur caractère politique, n'ont cessé de subir depuis soixante ans, toute espèce de transformations. Chacun des gouvernements qui se sont succédé en France, pour mettre ces lois en harmonie avec ses propres doctrines, s'est empressé de répudier celles qui étaient l'œuvre du gouvernement précédent, et d'en faire de nouvelles. Toutefois les réformes de cette nature visent principalement la poursuite et la répression des attaques dirigées contre l'organisation politique du pays, contre les hommes publics et les représentants de l'autorité. Il est incontestable qu'à ce point de vue nos lois ont subi de nombreuses vicissitudes ; on y rencontre à chaque pas des dispositions arbitraires et contradictoires. Mais quant à la théorie de la diffamation envers les simples particuliers, elle est restée presque complètement à l'abri de ces fluctuations, et, sur cette matière, la loi du 29 juillet 1881 a maintenu, au moins avec leurs traits et caractères essentiels, la procédure et les principes fixés dans la loi du 26 mai 1819.

Le Code pénal avait réalisé un progrès considérable par rapport aux lois de la Révolution. Il établissait, comme nous l'avons vu, deux catégories d'injures : l'injure-délit et l'injure-contravention. En ce qui concerne les calomnies faites publiquement, il les punissait dans tous les cas de peines correctionnelles. Et s'il est vrai que le Code ne parlait que de la calomnie, en se taisant sur la médisance, il n'en est pas moins certain que le législateur tendait à réprimer toutes les espèces de diffamation, puisque en règle générale le détracteur n'était point admis à rapporter, pour sa défense, la preuve des faits allégués. Nous savons cependant qu'il existait une dérogation formelle à ce principe en faveur de celui qui justifiait ses imputations en les fondant sur un jugement ou sur un acte authentique.

Cette impunité, que l'on accordait alors au diffamateur, est le plus énergique des griefs que l'on ait tournés en 1819 contre le système du Code pénal pour le combattre. M. de Broglie, notamment, n'hésita pas à déclarer qu'une pareille excuse constituait une injustice criante. « Supposez, par exemple, disait-il, qu'un homme ait réparé quelques torts de jeunesse par trente ans d'une vie exemplaire, pourquoi permettre, lorsqu'il jouit de l'estime et de la confiance de ceux qui l'entourent, de venir empoisonner ses derniers jours en exhumant contre lui un arrêt rendu à une époque dont il ne reste plus aucun souvenir, dans un pays dont il s'est peut-être éloigné pour toujours (1)? »

(1) Monit. univ. du 8 mai 1819.

Une autre critique pouvait encore être adressée au législateur de 1810, touchant la propriété des termes qu'il employait. Le Code pénal qui ne frappait que la calomnie et qui déclarait l'auteur de l'imputation à l'abri de toute peine dès qu'il rapportait la preuve légale du fait imputé, était fondé sur une fiction. Toute imputation qui n'apportait pas un acte authentique comme preuve de sa vérité était réputée calomnieuse; or, comme cette imputation, bien qu'elle n'eût pas d'acte authentique pour la soutenir, pouvait très bien être vraie, et que la calomnie, dans son sens vulgaire, emporte l'idée de la fausseté des faits imputés, il suivait que la loi appliquait cette qualification à des faits qui résistaient naturellement à la recevoir; que cette calomnie légale renfermait la diffamation dans son sein, et que cette dissidence entre la définition de la loi et la nature véritable du fait, entre le droit et l'opinion, devait influer d'une manière fâcheuse sur la répression (1).

— La loi du 17 mai 1819 se proposa de remédier à tous ces inconvénients.

Elle abrogea donc cette théorie des preuves légales que l'on considérait comme contraires à la morale et à l'équité, et, en même temps, elle posa, comme principe général, la protection de tous, l'impossibilité de prouver même la vérité d'imputations injurieuses et diffamatoires. Le législateur français voulut ainsi couper court à toutes les attaques contre la réputation des citoyens, prohiber toutes diffamations fondées ou non, créer un état de choses enfin où chacun pût vivre sans inquiétude sur la considération méritée ou imméritée dont il jouit. Et, pour atteindre ce but, il consacra cette règle fameuse proclamée par Royer-

(1) Faustin-Hélie, *Revue de législ. et jurispr.*, 1844, t. II, p. 202.

Collard au Corps législatif : « La vie privée doit être murée, » l'honneur d'autrui est, en quelque sorte, un domaine clos où il est interdit à qui que ce soit de s'introduire. Toutefois, on comprit aussi que chez une nation libre qui a écrit dans son pacte fondamental le principe de la responsabilité des agents du pouvoir, il fallait laisser sous le contrôle de l'opinion les actes de la vie publique, et que la révélation de faits imputés à des fonctionnaires, à raison de leurs fonctions, loin d'être un délit, pouvait être un acte utile, un acte de bon citoyen. La preuve des faits allégués fut alors permise (1). « Il faut, disait M. Lizot à la Chambre des députés, il faut que dans un gouvernement bien ordonné, il n'y ait pas une plainte contre les dépositaires de l'autorité qui ne doive être examinée, appréciée et admise lorsqu'elle est trouvée juste. »

Ces réformes essentielles une fois arrêtées, il fallut modifier la dénomination même du délit. Afin d'éviter l'équivoque signalée plus haut, on laissa de côté les expressions de *calomnie* et de *médisance*, et on adopta le mot *diffamation*, qui renferme une idée plus complexe. Malheureusement c'était remplacer une fiction par une autre fiction.

La calomnie, sous le Code pénal, renfermait avec l'imputation calomnieuse l'imputation seulement diffamatoire. La diffamation, sous la loi nouvelle, contient non seulement l'imputation diffamatoire, mais encore l'imputation calomnieuse. Les mots et le système ont changé, mais la confusion s'est perpétuée. Tout à l'heure la simple diffamation était réputée calomnie quand la vérité du fait n'était

____

(1) Cette disposition implicitement abrogée par l'art. 27 du décret du 17 février 1852, avait été remise en vigueur par la loi du 15 août 1871 (art. 3).

pas soutenue par un acte authentique; maintenant la calomnie la mieux caractérisée n'est plus réputée qu'une simple diffamation, quelle que soit la fausseté des imputations. Dans les deux systèmes, les deux délits n'en forment qu'un seul ; aucun degré, aucune nuance ne les sépare légalement.

Toutefois, et par une anomalie qui fait mieux ressortir encore cette confusion, cette règle admet une exception. La diffamation à l'égard des fonctionnaires publics et de toutes les personnes qui sont même accidentellement revêtues d'un caractère public, cesse d'être une diffamation, elle ne constitue plus qu'une calomnie pure et simple : l'auteur de l'imputation est admis à prouver la vérité du fait et cette preuve efface le délit. De sorte que la diffamation, appliquée aux actes de la vie publique, ne comprend et ne punit que les imputations calomnieuses ; appliquée aux actes de la vie privée, elle comprend et punit à la fois l'imputation calomnieuse et l'imputation simplement injurieuse.

Mais c'est surtout au point de vue politique et moral que les lois de 1819 ont soulevé d'ardentes discussions. Les jurisconsultes et les publicistes se partagent en deux camps tout à fait opposés :

I — Cette fiction, disent les uns, en vertu de laquelle la loi prohibe la preuve en matière de diffamation privée, n'est pas de la dignité de la justice dont la mission est de rechercher et de mettre en lumière toute vérité. Elle est cruelle pour l'honnête homme calomnié auquel elle interdit de prouver son innocence ; et, d'autre part, elle semble ménager le calomniateur qui conserve, quoi qu'il advienne, tout le bénéfice des soupçons qu'il a fait naître. Enfin, elle est tellement contraire au bon sens naturel et aux idées vulgaires d'équité qu'il est bien rare que les jugements qui s'en inspirent soient ratifiés par l'opinion publique. Dans une société forte et pure, ajoutent ces auteurs, la vie privée devrait être ouverte aux regards aussi bien que la vie publique; car les actions de chaque membre de la cité appartiennent à tous, puisque d'une manière directe ou indirecte, secondaire ou immédiate, elles influent sur le bonheur et la sécurité de la cité entière. Si quelqu'un venait à faillir, malheur à lui! il subirait la peine de sa faute. Cette peine serait la publicité que chacun aurait le droit de lui infliger. Si l'imputation, au contraire, était une calomnie, le calomniateur seul serait puni.

II — Un pareil état de choses, répondent les partisans de la législation actuelle, pouvait être utile, nécessaire même, chez les anciens, dans ces Républiques agitées où chaque citoyen, voulant et pouvant jouer dans l'État un grand rôle, était appelé à devenir une puissance. Là, sans doute, il était de l'intérêt général que les moindres actions de chacun fussent connues. Mais aujourd'hui la grande majorité de l'espèce humaine se concentre, quelle que soit la forme du gouvernement, dans les intérêts et la jouissance de la vie privée. Ce sanctuaire n'est pas moins sacré que le domicile lui-même. Chacun doit reposer tranquille dans le sein de sa famille et de ses habitudes domestiques comme dans l'intérieur de sa maison. Et si la simple violation du secret de famille, la simple action de divulguer méchamment des faits relatifs à la vie privée d'un citoyen constitue un délit, ce délit ne dépend ni de la vérité ni de la fausseté des faits imputés. Assurément la calomnie est un crime odieux; mais ce n'est pas à dire que la révélation des faits vrais soit innocente, ni que la justice doive épargner celui qui déchire son semblable gratuitement, sans autre intérêt que de mal faire, même lorsqu'il ne dirait que des vérités.

Quelle que soit, en législation, la doctrine que l'on veuille adopter, il faut bien reconnaître que le principe de la preuve est au fond de la matière de la diffamation, qu'il est dans ses entrailles et qu'il en sort dès qu'on la presse un peu. La première pensée des prévenus est de soutenir la vérité des faits qu'ils ont avancés; la première pensée des plaignants est d'affirmer la fausseté de ces faits. C'est qu'en effet la flétrissure n'est pas dans l'imputation, mais dans la vérité de l'imputation; et, comme le disait M. de Serre, le système de la preuve est le seul qui soit capable de satisfaire pleinement l'honnête homme calomnié. Pourquoi donc la preuve est-elle prohibée? Sans doute, on a voulu consacrer ainsi une mesure sollicitée par nos habitudes, par nos susceptibilités, par notre faiblesse peut-être. Mais aussi, en n'établissant aucune distinction entre la médisance et la calomnie, en soumettant à un même niveau des actes qui n'ont ni la même moralité ni les mêmes dangers, on a certainement méconnu le caractère intrinsèque des actions humaines. Or, ce n'est pas impunément que la loi confond des degrés que la conscience universelle a tracés dans tous les temps. La distinction qui existe en réalité entre deux délits se fait sentir toujours et quand même : la force des choses la ramène sans cesse et la fiction légale est trop faible pour résister. De là, un embarras continuel dans la marche de l'action publique, une sorte de collusion des juges et des parties pour éluder les prohibitions de la loi; de là, enfin, l'incertitude de la répression.

Qu'il y ait obligation pour le législateur de punir non

seulement la calomnie, mais encore la diffamation : nous n'hésitons pas à le déclarer. Mais nous croyons aussi que la répression serait plus certaine, que la justice marcherait d'un pas plus assuré, si des actes qui n'ont pas une valeur égale étaient séparés dans des incriminations distinctes, si, en un mot, l'imputation calomnieuse et l'imputation diffamatoire, qu'une distance évidente sépare dans l'échelle de la criminalité, faisaient l'objet de deux dispositions différentes dans lesquelles leurs caractères divers, leur gravité distincte, seraient définis et appréciés. Les poursuites seraient alors rendues comme les faits eux-mêmes à leur vérité et les preuves arbitraires ou intempestives ne viendraient plus les paralyser (1).

(1) Faustin-Hélie, *Revue de législ. et de jurispr.*, 1844, t. II, pp. 203 et suiv.

CHAPITRE II.

Importante distinction entre les fonctionnaires publics et les simples particuliers.

Nos lois répressives de la diffamation et de l'injure ont établi, en ce qui concerne les victimes du délit, une grande division des personnes : les personnes publiques et les simples particuliers.

Si la diffamation ou l'injure s'adresse à un simple particulier, la preuve des faits diffamatoires ou injurieux n'est jamais admise et la poursuite est alors exercée devant le tribunal correctionnel.

Lorsqu'il s'agit, au contraire, d'une imputation injurieuse ou diffamatoire, dirigée contre un fonctionnaire public, relativement à ses fonctions, la Cour d'assises seule est compétente et le prévenu est autorisé à établir par les moyens ordinaires la vérité des faits imputés. Mais, remarquons-le bien, cette disposition ne s'applique qu'au cas où l'imputation est *relative aux fonctions* de la personne diffamée. De sorte qu'il y a, en définitive, chez le fonctionnaire, deux personnalités : l'homme public et le simple particulier. Le premier est soumis à des obligations qui n'incombent pas au second ; si la vie publique du fonctionnaire appartient à tous, si chacun a le droit et souvent le devoir de lui reprocher publiquement ses fautes publiques, à charge d'en rapporter la preuve, il est certain aussi que sa vie privée n'appartient qu'à lui-même et qu'à cet égard il jouit des immunités que le législateur a cru devoir accorder au simple particulier.

Sous ces réserves, l'art. 35 de la loi du 29 juillet 1881 dispose que la vérité des imputations diffamatoires pourra être établie :

Contre les corps constitués, les armées de terre ou de mer, les administrations publiques ;

Contre les membres du ministère ;

Contre les membres de l'une ou de l'autre Chambre ;

Contre les fonctionnaires publics, les dépositaires ou agents de l'autorité publique ;

Contre les ministres de l'un des cultes salariés par l'État ;

Contre un citoyen chargé d'un service ou d'un mandat public temporaire ou permanent ;

Contre un juré ou un témoin, à raison de sa déposition ;

Contre les directeurs ou administrateurs de toute entreprise industrielle, commerciale ou financière, faisant publiquement appel à l'épargne ou au crédit.

Notre étude *de la Diffamation et de l'Injure envers les particuliers* exclut toute digression sur les offenses à l'égard des personnes publiques et des représentants de l'autorité. Nous nous renfermerons strictement dans les limites de notre sujet. Que si l'on nous demande de faire connaître quelles personnes il faut ranger dans la catégorie des simples particuliers, nous dirons que les simples particuliers sont tous ceux qui ne rentrent pas dans l'énumération ci-dessus ; — ceux qui n'ont reçu aucune délégation du Gouvernement pour exercer, dans un intérêt public, une portion de son autorité ou faire exécuter ses ordres ; — ceux qui même salariés par l'État, n'ont pas pour mission spéciale d'être les organes du pouvoir dans le pays et de faire exécuter ses décisions. Les simples particuliers constituent évidemment la grande majorité des citoyens. D'après notre législation actuelle, ces hommes n'exigeant rien du public ont droit à n'être pas traînés devant le public pour des faits qui ne l'intéressent point. Par conséquent, on applique ici d'une façon absolue la vieille maxime : *Veritas convicii non excusat;* nul n'est admis à prouver contre les particuliers la vérité des faits diffamatoires (art. 20, l. 26 mai 1819 — art. 35, l. 29 juillet 1881).

CHAPITRE III

De la diffamation et de l'injure publiques.

Le législateur distingue, en termes formels, la diffamation de l'injure (art. 29, l. 29 juillet 1881). Ces deux délits renferment, à la vérité, des points de ressemblance et des éléments communs; mais ils diffèrent au fond par leurs caractères, par leur gravité et par les peines qu'ils entraînent. Il convient donc de les examiner séparément. Nous ferons toutefois remarquer dès ici que notre loi ne s'occupe que de la diffamation publique et de l'injure publique. Cela résulte tout d'abord de la rubrique du chapitre IV sous lequel est rédigé l'art. 29, et qui est intitulé : « Des crimes et délits commis par la voie de la presse *ou par tout autre moyen de publication.* » D'un autre côté, les art. 30, 31, 32 et 33 ne sont pas moins explicites, lorsqu'ils parlent de la diffamation et de l'injure commises par l'un des moyens énoncés en l'art. 23 de la même loi (discours, cris ou menaces proférés dans des lieux ou réunions publics; écrits ou imprimés rendus publics).

Quant à la diffamation et à l'injure non publiques, dont nous aurons à dire quelques mots plus tard, elles sont toujours soumises aux dispositions du Code pénal (art. 376 et 471, § 11, C. pén. — art. 33, § 3, l. 1881).

SECTION I.

De la diffamation publique envers les particuliers.

---

§ 1. — *Éléments constitutifs.*

L'art. 29 précité, en définissant la diffamation, nous fait connaître le premier élément essentiel de ce délit : il faut qu'il y ait allégation ou imputation d'un fait qui porte atteinte à l'honneur ou à la considération de la personne à qui le fait est imputé.

A ce premier caractère il faut nécessairement en ajouter un autre qui est commun à tous les délits (sauf de très rares exceptions), à savoir : l'intention de nuire.

Enfin, comme il s'agit ici de la diffamation publique, nous aurons à rechercher quelles sont les conditions de publicité déterminées par l'art. 23 de la loi du 29 juillet 1881.

PREMIER ÉLÉMENT.

Allégation ou imputation d'un fait qui porte atteinte à l'honneur ou à la considération de la personne à qui le fait est imputé.

Pour bien comprendre quelle est la nature de l'assertion qui peut avoir le caractère de diffamation, il importe de décomposer notre texte, et d'examiner successivement chacune de ses parties.

A — Il assimile d'abord la simple allégation à l'imputation. Ces deux mots ont chacun leur sens spécial. « Im-

puter, c'est affirmer, disait en 1849 la commission de la
Chambre des députés ; alléguer, c'est annoncer sur la foi
d'autrui, ou laisser à l'assertion l'ombre du doute. » Il est
indifférent, d'après la loi, que la diffamation ait revêtu
l'une ou l'autre de ces deux formes. Dans les deux cas,
elle peut constituer un délit. Sans cette sage disposition,
et si la loi eût été restreinte à l'imputation, il eût été trop
facile au diffamateur de se jouer de ses prescriptions et
d'échapper à la vindicte publique, en alléguant sur la foi
d'autrui ou en laissant à son allégation l'apparence du
doute. « S'il pouvait être permis au journaliste, dit
M. Grellet-Dumazeau, de s'affranchir de toute responsabilité en se rejetant sur le récit d'un tiers, la diffamation
n'aurait plus de frein, car le véritable auteur du délit aurait
toujours à sa disposition quelque misérable qui se ferait
l'éditeur responsable de l'imputation, et le coupable échap-
perait ainsi à la sévérité des lois comme aux légitimes réparations que la partie lésée serait en droit d'exiger. » Ce
que le savant magistrat dit ici du journaliste s'applique
également à tout diffamateur. Cependant en ce qui concerne les journalistes, cette rigueur devrait être tempérée,
à raison de certaines circonstances particulières, par
exemple lorsque l'imputation consiste dans l'annonce d'un
fait résultant d'un procès-verbal dressé par des officiers
publics, d'une plainte ou d'une dénonciation faite à l'autorité judiciaire ou administrative, ou d'un jugement. Dans
ces cas, où il s'agit de faits tombés dans le domaine public,
il n'y aurait point de diffamation de la part des journaux
à les répéter, si l'intention méchante n'était pas évidente.

Le sens du mot *allégation* étant connu, on conçoit que
l'expression d'un simple soupçon puisse suffire à justifier
une plainte en diffamation. Le soupçon, en effet, implique

une croyance, — croyance indécise, peut-être, et dénuée de preuves; — mais cette croyance telle quelle, manifestée publiquement, laisse entendre que la personne soupçonnée est capable de commettre le fait allégué : il n'en faut pas davantage pour porter atteinte à l'honneur ou à la considération, lorsqu'il s'agit d'une assertion susceptible de cet effet (1).

La diffamation peut avoir lieu également, par voie d'allusion ou d'ironie, pourvu que l'intention soit parfaitement claire et que par suite on n'ait pu se méprendre sur le sens de l'expression.

Dans un arrêt tout récent, la Cour d'appel de Rennes a fait l'application de ces règles à une espèce particulière. La publication par la voie de la presse, dit cet arrêt, d'une anecdote véridique et qui a eu de nombreux témoins peut prendre le caractère du délit de diffamation si les faits matériels, même exactement rapportés, sont présentés de manière à faire naître des *soupçons* injurieux dans l'esprit des lecteurs (2).

On'peut se demander enfin si une imputation faite dans un sens purement hypothétique pourrait constituer le délit de diffamation : « Si Paul a dit pareille chose, c'est un brigand, un coquin; — si Jacques a agi de cette façon, c'est un voleur. » Il a été jugé que ces paroles ne présentent pas un caractère diffamatoire. On ne trouve pas ici, en effet, l'expression d'une opinion défavorable, et, comme le fait bien observer M. Dalloz, en pressant un peu les termes de ces imputations, on trouve que non seulement celui qui les exprime n'admet ni ne rejette la

(1) Cass., 24 avril 1879.
(2) Rennes, 15 juin 1881 — Cf. Chassan, t. I, pp. 343 et suiv.

7

supposition, mais qu'il est plus près de la repousser que de l'adopter (1).

Ainsi, un propos diffamatoire peut se formuler de diverses manières. Tantôt il consistera en une affirmation formelle, brutale; tantôt il voilera sous des artifices de langage ses perfides insinuations. Dans tous les cas, au point de vue de l'élément matériel ou instrument du délit, il faut que le *sens apparent* des propos incriminés soit offensant par sa nature et le soit au degré indiqué par la loi. Sans doute, en dehors du sens apparent, les juges du fait pourront encore tenir compte d'un sens spécial résultant d'allusions qui, dans les circonstances de la cause, seraient de nature à être comprises par le public. Mais il n'est pas permis aux tribunaux de créer arbitrairement un délit en recherchant ou en supposant des intentions secrètes non exprimées dans l'écrit. Ce principe est incontestable; ce n'est pas la pensée réelle ou supposée que le législateur veut atteindre, mais uniquement l'expression de la pensée (2).

B — Une des conditions essentielles à l'existence du délit de diffamation, c'est l'expression d'un *fait*. L'art. 29 que nous étudions l'exige impérieusement. Dire en général à quelqu'un qu'il est un faussaire, un voleur, un assassin, sans préciser autrement, n'est pas une diffamation. Il n'y a là aucune allégation ou imputation d'un fait précis : il n'y a qu'une insulte vague. Si, au contraire, je prétends que Jacques a tué son frère, qu'il a volé ma montre, falsifié mon acte de naissance, je commets une diffamation, car j'impute à la personne dont il s'agit un

---

(1) Dalloz, *Répert. de jurispr.*, v⁰ *Presse-Outrage*, n⁰ 817.
(2) Cass., ch. crim., 21 novembre 1862.

fait bien déterminé contraire à la morale et à la loi. Il serait, d'ailleurs, dangereux ici de poser *a priori* des règles inflexibles. En dehors et au-dessus des principes doctrinaux, les circonstances exerceront souvent une influence décisive. Telle imputation qui, énoncée d'une façon abstraite, aura toutes les apparences du vague et de l'indécision, pourra, considérée dans l'espèce et en tenant compte des faits qui l'auront accompagnée, prendre une signification précise et déterminée. Ce sera donc encore aux juges d'examiner s'il résulte de l'ensemble de la cause que le plaignant ait été l'objet d'imputations diffamatoires, au sens strict du mot, ou simplement d'expressions injurieuses.

D'après un arrêt de la Cour de Rouen, du 27 avril 1827, les qualifications de *lâche* et de *faux témoin* données spécialement à des gendarmes ne constituent pas le délit de diffamation. Toutefois, cette décision a été critiquée. On a dit que ces expressions supposent nécessairement des faits de lâcheté et de faux témoignage, et qu'en conséquence, l'auteur de ces injures devait être puni comme coupable de diffamation. Mais c'est là, suivant nous, une erreur manifeste; car il n'est presque pas de qualification injurieuse qui, à l'aide de ce procédé, ne pût être convertie en diffamation, ce qui effacerait complètement la démarcation que la loi a tracée entre les deux infractions (1).

La Cour suprême a également refusé de reconnaître le caractère légal de la diffamation dans ce propos adressé publiquement à un avocat, même à l'occasion d'une plaidoirie déterminée : « Vous êtes un lâche et un polisson :

(1) Grellet-Dumazeau, tom. I, p. 21.

vous vous êtes écarté de la ligne d'un honnête homme (1). »
« De telles paroles, disait la Cour de Caen, saisie de cette
affaire, ne renferment que des généralités sans précision ni
portée, peu capables de faire impression sur l'esprit des
auditeurs de ce propos plutôt injurieux que diffamatoire. Il
importe peu d'ailleurs que le prévenu ait fait allusion à une
plaidoirie déterminée, parce que cette circonstance ne
détruit pas le vague de l'imputation. »

Cette décision se justifie entièrement si l'on considère
qu'une plaidoirie prise dans son ensemble permet d'envisager un avocat sous de nombreux aspects et de l'apprécier
à des points de vue divers. Appliquées à un acte si complexe, les paroles que nous venons de citer ne peuvent avoir
qu'une signification confuse et incertaine. Mais supposons
que le prévenu ait restreint dans des limites plus étroites
le champ des interprétations du public, et qu'il ait indiqué
en des termes assez clairs le moment précis où son
adversaire a manqué aux lois de l'honneur ou de la délicatesse, alors la solution devient toute différente. Prenons
encore un exemple. Dire publiquement d'un citoyen qu'il
est étranger aux notions du plus vulgaire patriotisme, qu'il
cherche toujours l'occasion de satisfaire une inavouable
vanité, ce ne serait pas commettre une diffamation. On ne
trouve là effectivement qu'un reproche vague et indéter-
miné. Mais si, à la suite de ces articulations, le détracteur
vient citer telle circonstance particulière où la personne
qu'il vise aurait fait preuve de sentiments méprisables,
l'imputation peut devenir assez précise pour que les juges
y voient une véritable diffamation. Est essentiellement
diffamatoire, par exemple, l'imputation consistant à dire

(1) Cass., 8 juillet 1843 — Caen, 27 avril 1843.

que le plaignant, étranger aux notions du plus vulgaire patriotisme, n'a vu *dans la présence des armées ennemies sur le sol du pays* que l'occasion de satisfaire une inavouable vanité. C'est ce qui a été décidé par la Cour de cassation dans un arrêt du 17 juillet 1874.

La diffamation doit donc renfermer l'expression d'un fait précis. L'importance de cette condition se fera sentir encore lorsque nous arriverons à la matière de l'injure, puisque c'est là le critérium qui différencie les deux délits. Mais il n'en est pas moins utile de signaler dès maintenant un moyen à peu près infaillible de constater, au point de vue qui nous occupe, le véritable caractère d'une imputation. C'est de se demander si la vérité ou la fausseté peut en être établie par une preuve. Si cette preuve est impossible, il n'existe point de diffamation. Ainsi on ne peut pas prouver que quelqu'un n'est pas assassin, voleur, faussaire. La preuve n'est possible qu'à la condition de déterminer et de préciser les faits de vol, de faux, d'assassinat. — « Ils m'appellent *tison d'enfer,* disait Pascal, et prétendent que je bâtis le trésor de l'Antéchrist ! ... S'amuserait-on à prouver qu'on n'est pas tison d'enfer et qu'on ne bâtit pas le trésor de l'Antéchrist ? » Ces articulations et autres analogues ne sauraient constituer évidemment que de simples injures. Au contraire, dire de quelqu'un qu'il est un galérien, un reste de prison, un banqueroutier failli, c'est commettre une diffamation. En effet, on peut prouver qu'on n'est pas banqueroutier failli, galérien, etc.

C — Quels sont les faits qui peuvent être considérés comme diffamatoires ?

L'art. 367 du Code pénal voulait que, pour constituer la *calomnie,* le fait, s'il existait, exposât celui contre qui

il était articulé à des poursuites criminelles ou correctionnelles, ou, tout au moins, au mépris ou à la haine des
citoyens. Les lois postérieures devaient aller plus loin et
laisser au juge une plus grande latitude. Il est tel fait qui
n'est point de nature à exposer celui contre qui il est
allégué à la haine ou au mépris des citoyens, mais qui
tend sourdement et petit à petit à le déconsidérer,
dont les conséquences sont actuellement imperceptibles
et ne peuvent se faire sentir que plus tard. Il importait
que cette atteinte nuisible pût être réprimée et c'est dans
ce but que les législateurs de 1819 et de 1881 ont employé
une nouvelle qualification. Sera donc réputé diffamatoire,
aux termes mêmes de notre art. 29, « tout fait portant
atteinte à l'honneur ou à la considération de la personne
ou du corps auquel le fait est imputé. » — Ce n'est pas
sans motifs que les rédacteurs de ce texte ont employé
cumulativement les mots *honneur* et *considération*. Ces
expressions ne sont pas synonymes. Autre chose est
l'honneur, autre chose est la considération. L'honneur
tient à la personne, il émane d'elle : il est fait de vertu,
d'honnêteté, de probité. — Il en est autrement de la
considération. La considération est un hommage rendu,
par ceux qui nous entourent, à notre position dans le
monde. On peut être un honnête homme, n'avoir jamais
rien fait contre l'honneur et n'être pas considéré : par
exemple, si l'on est un sot, si on se laisse duper par les
autres, si l'on gère mal ses affaires, etc. Ajoutons que la
considération est surtout chose d'opinion, de préjugé si
l'on veut. Elle est telle que le monde la fait : c'est lui qui
la règle à sa guise.

L'atteinte portée à l'honneur ou à la considération de la
personne est une condition substantielle et constitutive

sur laquelle le juge doit toujours prononcer et sans laquelle il ne peut y avoir de diffamation (1). Mais la loi n'a pas énoncé les circonstances qui peuvent, à ce point de vue, donner aux faits imputés le caractère diffamatoire. Elle a laissé cette appréciation à la lumière et à la conscience du juge. Celui-ci devra donc examiner les circonstances de la cause, la position sociale des parties, le caractère public dont elles seraient revêtues, leur profession, leurs mœurs et leurs habitudes, l'éducation qu'elles ont reçue, leur caractère privé, l'estime et le respect dont elles jouissent, leur âge, leur sexe et la position dans laquelle elles se trouvent au moment où la diffamation a lieu. Dans tous les cas, il est certain que notre législation actuelle reconnaît des faits diffamatoires en dehors de ceux qui pourraient constituer une infraction à la loi positive. C'est ce qui fait dire, avec beaucoup de raison, à M. Grellet-Dumazeau que l'accusation portée contre quelqu'un d'avoir tenté de commettre un crime est diffamatoire au premier chef, bien que la tentative de ce crime ne soit pas, dans l'espèce, punie par la loi pénale (2).

Prenons une autre hypothèse sur laquelle la jurisprudence a été appelée à statuer. Tout le monde sait que, d'après l'art. 339 du Code pénal, l'adultère du mari n'est punissable que s'il a entretenu une concubine dans la maison conjugale. Or, il a été jugé que l'imputation adressée à un homme marié de vivre en concubinage avec une femme libre ayant un domicile à elle, constitue le délit de diffamation (3).

C'est porter atteinte à la considération d'une personne

(1) Cass., 30 août 1820.
(2) Grellet-Dumazeau, tom. I, p. 27.
(3) Limoges, 4 mars 1828.

que de donner à un changement survenu dans ses sentiments politiques, la qualification de *conversion intéressée*. Telle a été la décision de la Cour suprême dans une espèce où cette imputation était dirigée contre un magistrat dont on signalait et qualifiait ainsi le changement d'opinion en présence de l'avancement par lui reçu au lendemain du 4 septembre 1870. L'arrêt déclare, d'ailleurs, « que cette imputation est étrangère aux fonctions remplies par le magistrat, qu'aucun acte de sa vie judiciaire n'est attaqué, que l'intérêt qui aurait accompagné ou déterminé sa conversion, ayant reçu satisfaction par l'obtention des fonctions auxquelles il s'attachait, est nécessairement antérieur à leur exercice, et qu'en conséquence c'est comme simple particulier, et non comme fonctionnaire public, que le plaignant a été diffamé (1). »

La fraude qui ne revêt les caractères ni de l'abus de confiance ni de l'escroquerie, n'est pas, prévue par la loi pénale ; mais s'ensuit-il que l'on puisse, sans commettre une diffamation, imputer publiquement à une personne d'avoir employé des manœuvres frauduleuses pour obtenir une signature ? Après un contrat civil, une partie pourra-t-elle dire à l'autre, dans une réunion publique : « Vous avez surpris ma bonne foi ? » — Nous ne le pensons pas. Il y aurait là imputation d'un fait portant atteinte à l'honneur, parce qu'il touche à la probité ou à la loyauté de celui à qui on l'attribue. La Cour de cassation a notamment proclamé cette doctrine dans un arrêt du 12 janvier 1877. Le journal *la Tribune* avait signalé les directeurs de l'institution de Sainte-Geneviève comme étant depuis longtemps dans l'habitude de communiquer à leurs élèves,

(1) Cass., 13 novembre 1875.

avant le jour du concours, les problèmes à résoudre pour l'admission à l'école polytechnique, et avait attribué à cette manœuvre le succès de ceux-ci dans les examens. Indépendamment de cette inculpation générale de déloyauté, le même journal affirmait que « le sujet du dernier concours avait été communiqué déjà depuis quelques jours aux élèves des Jésuites de la rue des Postes, par un répétiteur de l'école polytechnique qui est en même temps professeur chez les bons Pères. » La Cour de cassation vit avec raison dans cet article des imputations malveillantes de nature à porter une atteinte non moins grave à l'honneur et à la délicatesse des élèves, qu'à l'honneur et à la considération de leurs maîtres.

N'oublions pas, au surplus, que l'influence des faits en cette matière est souveraine. Aussi arrivera-t-il parfois, dans un procès particulier, que même en présence d'une imputation malveillante, les juges se trouveront fondés à déclarer que la diffamation n'est pas suffisamment caractérisée. Ainsi le reproche adressé à un homme, par la voie de la presse, d'avoir rompu un mariage projeté par des scrupules de penseur libre et par répugnance à se soumettre aux exigences et aux prescriptions de l'Église catholique peut, en fait, ne pas être considéré comme diffamatoire, d'après l'ensemble de l'article et les faits qu'il énonce (1).

Quoi qu'il en soit, il résulte de tout ce que nous venons de dire à ce sujet, que les actes répréhensibles au point de vue de la morale et protégés seulement par le silence du législateur, peuvent constituer, suivant les circonstances, l'élément d'une diffamation.

---

(1) Cass., crim. rej., 26 janvier 1877.

M. Grellet-Dumazeau fait remarquer, dans un autre ordre d'idées, que l'imputation d'un fait impossible serait également diffamatoire lorsque la crédulité publique serait portée à y ajouter foi, et il raconte, à ce propos, une espèce fort originale que les amateurs de curiosités judiciaires pourront lire dans son remarquable ouvrage.

Mais peut-on considérer comme infamante la simple imputation d'un fait légalement accompli? La jurisprudence a eu différentes fois à se prononcer sur cette question. En thèse générale, elle la résout négativement. La loi ne saurait permettre aux juges de considérer la participation aux actes qu'elle a autorisés, prescrits ou sanctionnés, comme pouvant porter atteinte à l'honneur ou à la considération des personnes. Ainsi, aux termes d'un arrêt de la Cour de cassation du 3 février 1877, les décrets qui ont organisé les commissions mixtes, ayant force de loi, en vertu de la Constitution de 1852, la participation aux actes de ces commissions ne peut être judiciairement considérée comme pouvant porter atteinte à l'honneur ou à la considération de celui à qui on l'impute, et c'est à tort qu'une pareille imputation serait qualifiée diffamation.

Il en est de même de l'acceptation d'une succession sous bénéfice d'inventaire. C'est là, effectivement, l'exercice d'un droit consacré par la loi, et l'imputation d'un tel fait ne saurait avoir un caractère infamant. Il faut bien se garder, toutefois, d'attribuer aux décisions de la jurisprudence sur ce point, une portée qu'elles n'ont pas. Qu'un journaliste, par exemple, après avoir rapporté la mort d'un personnage, se borne à faire connaître que l'héritier a accepté la succession sous bénéfice d'inventaire, évidemment, il ne commet pas une diffamation. Mais, en annonçant ce fait, s'il l'accompagne de réflexions blessantes, de

rapprochements injurieux et d'interprétations malveillantes, s'il accuse l'héritier, fils du défunt, d'avoir, en
accomplissant l'acte dont il s'agit, manqué de générosité
et méconnu les devoirs de la piété filiale, les juges
devraient voir dans cet article les caractères de l'imputation diffamatoire (1).

D'après la jurisprudence, il n'est pas nécessaire, pour
l'existence du délit de diffamation, que le fait imputé soit
présenté comme étant l'œuvre active du plaignant. Cela
résulte d'un arrêt de la Cour de cassation du 24 mai 1844.
Pour bien comprendre cet arrêt, il importe de le rapprocher
des faits. Une personne, provoquée par le compte rendu
injurieux d'un procès, frappe à la figure l'auteur de cet
article. Une poursuite judiciaire est exercée : le tribunal
correctionnel condamne le prévenu à dix jours d'emprisonnement *pour s'être porté, sans aucune provocation
de la part du plaignant à des excès et des mauvais
traitements graves, en le frappant de deux soufflets.*
Un appel est interjeté. La Cour, attendu qu'il résulte de
l'instruction *que le prévenu a porté volontairement et
sans excuse légitime des coups* au plaignant, le condamne
à deux cents francs d'amende. Quelques jours après cet
arrêt, une lettre est publiée par le prévenu, dans laquelle
il se plaint de ce que la Cour n'a pas spécifié la nature des
coups qu'il a portés, et rappelle que ce sont des *soufflets.*
Cette allégation renfermait-elle les caractères d'une diffamation? La Cour de Riom a jugé l'affirmative et la Cour
de cassation saisie du pourvoi formé contre cet arrêt a
rejeté ce pourvoi. Le moyen proposé était tiré de ce que
le demandeur avait été condamné aux peines de la diffa-

(1) Voir, en ce sens, Cass., 14 janvier 1875.

mation, bien qu'il n'eût imputé au plaignant aucun fait ou action dont celui-ci fût l'auteur, mais pour avoir rappelé qu'il avait commis lui-même une voie de fait qui ne pouvait porter atteinte à l'honneur ou à la considération d'autrui. La Cour de cassation a répondu : « Que si le plaignant, en usant de voies légales pour obtenir la répression des violences dont il avait été l'objet, et en refusant de recourir à un moyen qualifié crime par la loi, n'a encouru aucun blâme aux yeux de la loi et de la morale, la Cour royale dont l'arrêt est attaqué a pu néanmoins reconnaître que la publication, faite méchamment et à dessein de nuire, de l'écrit incriminé avait été de nature à porter atteinte à la considération dudit plaignant ; qu'il y avait dans l'articulation de cet écrit, non pas seulement une articulation susceptible d'être qualifiée injure, mais l'énonciation d'un fait positif, et que ce fait, d'après les circonstances qui le constituent, devait rentrer dans l'application du premier paragraphe de l'art. 13 de la loi du 17 mai 1819 (1). »

Cet arrêt a soulevé de vives critiques. Dans l'espèce dont il s'agit, disent certains auteurs, il est impossible de voir l'imputation d'un fait diffamatoire. Qu'est-ce que c'est, en effet, qu'imputer un fait à une personne? C'est affirmer que cette personne a commis ce fait, qu'elle en est l'auteur, qu'elle a agi de telle ou telle manière. Or ici aucun fait n'est imputé au plaignant. Le prévenu a seulement allégué une action qu'il a commise lui-même, un de ses propres actes. Comment donc appliquer, dans ce cas, la définition légale de la diffamation? Notre honneur, notre considération ne peuvent recevoir d'atteinte que de nos propres actions. Les actes d'autrui peuvent nous

(1) Arr. cass., 24 mai 1844.

léser; ils ne sauraient altérer l'estime qui nous est due, lorsque aucune faute de notre part ne s'y est mêlée. La honte n'est que pour celui qui commet le délit et non pour celui qui en souffre (1).

Il nous paraît difficile d'admettre cette critique d'une façon absolue. En parlant de l'imputation d'un fait, la loi a voulu seulement distinguer la diffamation qui consiste dans l'imputation d'un fait, de l'injure qui résulte de l'imputation d'un vice. La diffamation consiste dans l'allégation et l'imputation de tout fait de nature à porter atteinte à l'honneur et à la considération, quel que soit le rapport actif ou passif du fait avec la personne. Ainsi celui qui, méchamment, aurait allégué d'une fille qu'elle a été violée, pourrait être déclaré coupable de diffamation envers cette fille, et cependant l'allégation tombe sur un fait qui est purement passif de la part de la victime et complètement étranger à sa volonté. La vérité est, suivant nous, qu'il faut toujours tenir compte de la nature et de la gravité du fait allégué, et des circonstances de l'allégation. Aussi, lorsque les tribunaux ont à statuer sur des questions de ce genre, il serait à désirer qu'ils indiquassent, en termes formels, les motifs de leur décision. Voilà précisément le grief que l'on peut articuler contre l'arrêt de 1844 précité. Si, comme le dit la Cour de cassation, « le fait allégué doit, d'après les circonstances qui le constituent, rentrer dans l'application de la loi, » pourquoi la Cour n'a-t-elle pas énoncé ces circonstances? Est-ce donc qu'elle ne trouvait pas d'autre raison à invoquer que le préjugé du point d'honneur? Est-ce qu'elle considérerait

(1) Voir, en ce sens, une remarquable dissertation de M. Faustin-Hélie, *Revue de législ. et de jurispr.*, 1844, pp. 192 et suiv.

comme une diffamation l'imputation adressée à quelqu'un d'avoir reçu un outrage public sans en avoir demandé réparation par les armes? Ah! s'il en est ainsi, assurément il faut critiquer notre arrêt, non seulement parce qu'il consacre une opinion extravagante, mais encore parce qu'il met la Cour suprême en contradiction avec sa propre jurisprudence. Nous savons en effet qu'on assimile, avec raison, le meurtre commis en duel, à l'homicide volontaire. La justice humaine comprend donc la nécessité de flétrir les combats singuliers et de réprimer les féroces susceptibilités qui les font naître. Comment alors pourrait-on légalement considérer comme un déshonneur ou comme une faiblesse l'abstention d'un fait que la morale réprouve et que la loi condamne? Allons plus loin : Si la jurisprudence tient à demeurer conséquente avec soi-même, ce n'est pas l'imputation d'avoir refusé le duel qu'elle considérera comme diffamatoire, mais bien l'imputation de l'avoir accepté. De deux choses l'une, en effet : — ou bien il faut admettre le duel, l'autoriser franchement; — ou bien il faut le condamner d'une manière absolue, sans réticence ni arrière-pensée. Mais si l'on est une fois entré dans cette dernière voie, la seule raisonnable, il faut s'y maintenir fermement, sous peine de tomber dans une contradiction flagrante, et savoir se soustraire aux influences d'un odieux préjugé que l'on veut abolir.

L'imputation d'avoir refusé un duel ne serait passible des peines de la diffamation que si les juges faisaient résulter l'intention de nuire, de certaines expressions injurieuses, et s'ils reconnaissaient que le plaignant en a éprouvé quelque préjudice moral (1).

(1) Le prévenu peut être acquitté si le plaignant s'est lui-même vanté des faits diffamatoires (Cass., 18 janvier 1881).

Il y a un sens particulier du mot *considération* sur lequel nous avons maintenant à nous expliquer : je veux parler de la *considération professionnelle*. C'est l'estime que chacun peut avoir acquise dans l'état qu'il exerce, estime qui fait partie de sa fortune, qui est pour lui une propriété, un capital précieux. Cette propriété, la diffamation peut évidemment l'atteindre, sans porter atteinte à l'honneur de la personne ; car on peut être homme d'honneur, n'être pas diffamé comme tel, et l'être, par exemple dans les qualités morales qui font un bon négociant, un bon avocat, un bon médecin. Dire méchamment qu'un négociant a éprouvé des pertes, qu'il gère avec inhabileté son négoce, annoncer faussement tel ou tel fait à l'appui de l'imputation, c'est laisser son honneur intact, c'est nuire cependant à la considération dont il jouit. Il peut arriver par conséquent qu'une allégation soit diffamatoire à l'égard de quelqu'un, à raison uniquement de sa qualité ou de sa profession. Par exemple, dire d'un colonel qu'il est absolument incapable de commander une compagnie et qu'il n'a obtenu son grade que par faveur, constitue une diffamation à son égard, tandis qu'un pareil propos adressé à un simple particulier, ne serait qu'un non-sens ridicule.

De même, la mission du publiciste et celle du prêtre diffèrent essentiellement. Si, pendant une période électorale, c'est le devoir de la presse de discuter librement les candidatures et d'éclairer l'esprit des électeurs, il est certain d'un autre côté que le clergé catholique ne pourrait, sans encourir la réprobation générale, se servir des pratiques religieuses pour influencer les élections. On comprend dès lors qu'il soit permis de dire publiquement, sans commettre de diffamation, qu'un journaliste a usé, pendant la période électorale de son influence et de son autorité pour assurer le triomphe de tel parti politique, ou de certaines candidatures. Le délit au contraire serait caractérisé, si l'on reprochait à des membres du clergé « de s'être servis de la prédication et de la confession comme d'une machine de guerre pour travailler, en temps d'élections, dans l'intérêt de la cause du roi ou de l'empereur. » Une semblable imputation porte atteinte, en effet, à la dignité et à la considération professionnelles du clergé catholique (1).

En matière de considération professionnelle, une distinction assez délicate est à faire entre la critique et la diffamation. L'œuvre que l'on publie, on la soumet par cela seul au jugement du public à qui on la livre. Le législateur n'a certes pas eu l'intention de fermer la bouche au conférencier qui signale les défauts d'un livre, au critique d'art qui découvre ceux d'un tableau, à l'écrivain qui fait remarquer ceux d'une pièce de théâtre. Mais c'est une opinion malheureusement trop répandue qu'il n'y a aucune restriction au droit de s'exprimer sur le compte des choses et des personnes soumises au jugement du public. Bien loin de sanctionner cette erreur, les tribunaux ont toujours distingué avec soin les attaques personnelles, qui ne sauraient être permises, des critiques adressées aux œuvres ou aux faits qui constituent l'exercice public d'une profession. Si la critique a le droit de juger librement et même avec sévérité les œuvres de la science, de la littérature et des arts, c'est à la condition d'apporter dans ses appréciations un esprit de justice et de sincérité et non une intention de dénigrement ou d'exagération malveillante. Elle doit en outre respecter le caractère des

<hr>

(1) Cass., 19 novembre 1874.

personnes dont elle discute publiquement les œuvres ou le talent. Toute allégation publiée contrairement à ces règles porte à la considération morale ou professionnelle une atteinte qui caractérise le délit de diffamation. Qu'un journaliste, par exemple, après avoir rendu compte de la représentation d'une pièce de théâtre, examine le jeu d'une tragédienne et en signale les imperfections, c'est là l'exercice d'un droit que personne ne peut contester; mais si visant la personne même de l'actrice, l'écrivain attaque son honorabilité, s'il publie « qu'elle a fait beaucoup parler d'elle, qu'elle a eu des procès avec son directeur, qu'elle a usé déjà vis-à-vis des représentants de la presse de procédés inqualifiables, et menacé de l'huissier un journaliste qui avait critiqué son jeu, — moyens bons pour attirer l'attention du public, » l'auteur de ces imputations dépasse évidemment les bornes imposées à la critique, et se rend coupable d'une véritable diffamation (1).

M. de Grattier, dans son *Commentaire des lois de la presse*, a voulu établir un critérium qui permît de reconnaître sûrement la critique de la diffamation. Il propose à ce sujet la distinction suivante : « La simple critique d'un acte isolé de la profession ne constitue point une diffamation. Elle ne devient telle que lorsqu'elle porte sur l'ensemble des actes de la profession; alors elle dégénère en un véritable dénigrement qui dénote un but coupable : celui de nuire, de porter atteinte à la considération professionnelle. Ainsi, l'on peut dire du négociant, de l'avocat, du médecin, qu'il a mal fait une affaire, mal plaidé une cause, mal traité une maladie; mais dire d'une manière générale qu'il fait mal les affaires, qu'il plaide mal les

____

(1) Trib. corr. de la Seine, 26 février 1863.

causes qui lui sont confiées, qu'il traite mal ses malades,
c'est le diffamer (1). »

Ce système nous paraît absolument arbitraire, il introduit
une distinction où la loi n'en fait aucune. La critique est
permise, nous dit-on ; la diffamation est prohibée. Lorsqu'il
y a dénigrement d'un acte isolé, c'est critique ; lorsqu'il
y a dénigrement d'une série d'actes consécutifs, il y a
diffamation. Or, nous soutenons que le législateur n'a
jamais eu la pensée d'une pareille division. Ce qui caractérise la diffamation est bien moins l'unité ou la multipli-
cité des actes auxquels elle s'applique, que l'intention
malveillante du diffamateur et l'atteinte à la considération
du diffamé.

C'est à la lumière des mêmes principes sainement
entendus qu'il faudrait encore envisager la question de
savoir si le fait de publier un écrit sous le nom d'une
autre personne peut être une diffamation envers elle. Si
cet écrit ne porte point atteinte à son honneur ou à sa
considération morale, et s'il était de nature seulement
à nuire à sa réputation d'auteur, il ne constituerait pas
une diffamation. Mais il pourrait toutefois, aux termes de
l'art. 1382 du Code civil, donner lieu à une action en
dommages-intérêts.

D — Désignation de la personne diffamée. — La diffamation suppose par elle-même un dommage causé à celui
qui en est l'objet, dans son honneur ou sa considération ;
ce n'est que sous ce rapport qu'elle est une atteinte
à l'ordre, qu'elle est qualifiée délit. Les allégations ou
imputations touchant une personne idéale ne tomberaient
donc pas sous l'application de notre loi. Mais quand

____

(1) De Grattier, tom. I, p. 185.

y aura-t-il désignation suffisante de la personne? Est-il
nécessaire que cette désignation soit nominale? Non, sans
doute, car la loi ne l'exige pas, et ses rédacteurs étaient
trop sages pour avoir une telle pensée qui aurait eu pour
conséquence de rendre leurs dispositions à cet égard
à peu près superflues. Rien ne serait, en effet, plus facile
que de désigner, sans les nommer, les personnes que l'on
voudrait ainsi placer sur la sellette de l'infamie ou de la
déconsidération. Il suffit donc que la personne soit désignée par des initiales ou par quelques lettres de son
nom, ou seulement par des périphrases, ou bien que par
l'ensemble des faits imputés ou allégués elle puisse être
reconnue. Cette interprétation de la loi est d'ailleurs
confirmée par l'art. 11 de la loi du 25 mars 1822 et par
l'art. 13 de la loi du 29 juillet 1881. Il y est dit que toute
personne *nommée* ou *désignée* dans un journal ou écrit
périodique aura le droit d'y faire insérer sa réponse.
Désigner une personne pour le législateur c'est donc la
nommer. Un arrêt de la Cour de Rennes, que nous avons
déjà eu l'occasion de signaler à un autre point de vue,
a fait une saine application de cette règle en décidant
qu'on ne saurait sérieusement soutenir qu'une personne
n'a pas été diffamée, par cela seul que n'ayant pas été
nommée elle devait rester inconnue, lorsque, comme dans
l'espèce, il était impossible que le public se fût trompé un
seul instant sur le nom de la personne visée dans l'acte
diffamatoire (1).

La personne peut même paraître incertaine aux yeux
d'une partie du public; si elle est certaine pour ceux qui
vivent avec elle, qui ont avec elle des relations sociales,

---

(1) Rennes, 15 juin 1881. Voyez *supra.*

ou si, bien qu'incertaine pour ceux-ci, elle devait, par un concours de circonstances quelconques devenir certaine pour eux, il y aurait diffamation, car alors cette personne souffrirait un dommage dans son honneur ou dans sa considération. C'est donc sans fondement qu'on a jugé qu'il ne suffit pas pour constituer la diffamation, *que des individus ayant des renseignements particuliers* sur une personne, *puissent la désigner,* qu'il faut encore que *le public entier* ne puisse se méprendre sur la personne désignée. Les individus qui ont ces renseignements ne font-ils pas en effet partie du public, et, dès lors, l'atteinte à l'honneur et à la considération de la personne désignée ayant eu lieu vis-à-vis d'eux, n'est-elle pas suffisamment caractérisée? Remarquons d'ailleurs que les calomnies et les médisances présentées avec ces précautions perfides et de prétendus ménagements sont parmi les plus dangereuses, en matière de presse surtout. Elles excitent plus que toutes autres la curiosité malsaine du public. Ceux qui ne se seraient pas arrêtés à une affirmation claire et complète, se sentiront alléchés et intrigués par des insinuations voilées, par des réticences calculées, par des noms estropiés à dessein. Dans de pareils cas, une seule question se pose devant la conscience du juge : le plaignant est-il bien évidemment la personne que visaient les propos ou les écrits diffamatoires? La réponse est-elle affirmative, il ne pourra que condamner.

Cette opinion est unanimement admise aujourd'hui (1). Un ancien arrêt de la Cour de cassation porte cependant que la désignation des personnes dans un acte diffamatoire

_____

(1) Cass., 19 août 1841 — 12 août 1843 — Chassan, t. I, p. 395 — de Grattier, t. I, p. 194 — Grellet-Dumazeau, t. I, p. 50 — Dalloz, v° *Presse,* n° 839 et suiv.

doit être nominative (affaire Laffitte et autres; Cassation, 24 décembre 1822); mais cet arrêt a été fréquemment critiqué, et le système qu'il indique n'a point prévalu. L'autre doctrine, celle que nous admettons, n'est pas seulement fondée sur des motifs d'ordre public et sur les exigences des mœurs actuelles, elle est également conforme aux précédents historiques. A Rome, lorsqu'une imputation injurieuse n'était pas accompagnée du nom de la personne injuriée, l'action publique était ouverte contre l'auteur de l'injure. Cette disposition avait pour but d'assurer la répression du délit, dans le cas où la difficulté de la preuve aurait empêché la partie intéressée de poursuivre le diffamateur. Du reste, la partie intéressée elle-même n'en avait pas moins le droit de poursuivre par la voie de l'action privée, mais seulement lorsque l'action publique n'avait pas été intentée (Dig., l. 6, *de inj. et lib. fam.*).

Dans un projet de résolution du 30 pluviôse an V, le Conseil des Cinq-Cents posait en principe qu'une action était ouverte à celui qui *se croirait* désigné d'une manière *indirecte*, comme par une ou plusieurs lettres de son nom, par des indications de lieu, de temps, de profession ou autres quelconques. C'est qu'en pareille matière, comme le disait Portalis le père, dans son rapport au Conseil des Anciens sur ce projet, « il ne faut admettre aucun subterfuge; » et lorsque la personne est indiquée de façon à ce qu'aucun doute raisonnable ne soit possible, lorsque c'est elle qui est réellement atteinte par les imputations diffamatoires, comment pourrait-on assurer l'impunité au coupable?

Toutefois, s'il est juste que celui qui a spéculé sur la malignité et le scandale supporte les conséquences de sa faute, il importe de respecter le droit et la liberté de l'homme consciencieux qui n'agit que dans un intérêt moral et sérieux. Les tribunaux auront donc à concilier le respect dû à la vie privée des particuliers avec les justes immunités de l'historien et du romancier. L'écrivain, par exemple, n'excède pas son droit en prenant pour théâtre de ses récits des localités copiées sur nature, pourvu qu'il n'y introduise pas des acteurs choisis dans la vie réelle et qui se voient dénoncés au public par les événements et les circonstances morales de leur existence. Ainsi un romancier ne peut être poursuivi en dommages-intérêts par un individu auquel peuvent se rapporter uniquement le lieu du roman, l'importance de la fortune d'un des personnages et la visite d'un fonctionnaire, alors que tous les autres traits sont inapplicables au demandeur ou à sa famille et que l'auteur déclare ne jamais les avoir eus en vue (1).

Il peut arriver que la désignation soit collective, qu'elle s'applique à plusieurs personnes. Alors, l'une des parties offensées pourra certainement agir sans le concours des autres (2). Il n'est même pas nécessaire, pour qu'il y ait diffamation, que le fait imputé soit directement personnel au plaignant. Lorsque, par exemple, l'imputation diffamatoire dirigée contre un seul membre d'une communauté religieuse est formulée de façon à rejaillir sur les autres, en laissant planer le soupçon sur chacun d'eux, tous les membres de la communauté désignée ont le droit de se porter individuellement partie civile. Le tribunal correctionnel de Lille, saisi d'un procès de ce genre, motivait en fait, de la manière suivante, la condamnation qu'il prononçait contre l'auteur d'un article de journal :

(1) Paris, 10 janvier 1873.
(2) Cass., crim. rej., 16 août 1879.

« ... Attendu que les ordres des Dominicains et des Jésuites établis à Lille depuis quelques années, y ont une notoriété qui a nécessairement appelé sur eux l'attention des lecteurs de l'article dont s'agit; que, de plus, les acquisitions d'immeubles qu'ils ont faites pour leurs établissements ont eu du retentissement, et que par les expressions « rapidement enrichis » ils ont été, en quelque sorte, spécialement désignés; qu'il s'ensuit que, pour le public de Lille, c'est l'un ou l'autre de ces deux ordres qu'indiquait l'article incriminé; — attendu, en outre, qu'il ressort de l'ensemble de cet article que ce n'est pas un membre distinct, mais l'ordre lui-même que le prévenu a voulu déconsidérer, et, que si aucun des membres des ordres précités n'a été indiqué nommément, il faut pourtant reconnaître que le récit a été présenté de manière à ce que l'imputation relevée contre l'un d'eux s'appliquât, en réalité, à tous, les circonstances relatées, laissant planer le doute sur tous les membres des communautés récemment établies à Lille, parmi lesquelles se trouvent tous les religieux en cause; qu'ainsi ces derniers sont tous, soit individuellement, soit collectivement, fondés à se plaindre des imputations résultant dudit article (1). »

Comme le fait d'ailleurs observer fort judicieusement M. Dalloz, cette sorte de diffamation indirecte ne peut être appréciée avec exactitude que par l'intention du prévenu. Pour bien faire saisir cette idée, qu'il nous soit permis de reproduire l'exemple choisi par le savant auteur. « Il est allégué qu'un membre d'une communauté ecclésiastique

(1) Trib. corr. de Lille, 19 juin 1874 — Douai, 22 juillet 1874 — Cass., 29 janvier 1875.

se livre habituellement et sans mystère à des actes de débauche dans l'établissement. Comme ce désordre accuse d'une complicité morale le chef et même dans une certaine mesure tous les subordonnés, il paraît certain que la communauté entière pourra être considérée comme diffamée par cette imputation. — Mais si, au contraire, il est dit que de tels faits se passent hors de l'établissement, et lorsqu'un de ses membres sort sous prétexte de faire des démarches dans l'intérêt de la communauté, il n'y a là qu'une attaque personnelle qui ne peut donner à la communauté le droit de se plaindre, bien qu'il y ait une solidarité d'honneur incontestable entre tous ses membres (1). » Notre droit actuel, en effet, n'admet plus, comme le droit romain, la diffamation par voie de conséquence où d'assimilation de personnes. A Rome, l'injure adressée aux enfants (*liberis*), aux esclaves (*servis*), à l'épouse (*uxori*), à la bru (*nurui*), était censée faite au *paterfamilias*, et l'*actio injuriarum* était alors ouverte à ce dernier. Aujourd'hui, d'après les principes de notre législation, il faut que l'imputation dirigée principalement, ou même en apparence, exclusivement contre l'un des membres d'une famille, atteigne en réalité, d'autres membres de la même famille, pour qu'il y ait, à l'égard de ceux-ci, une diffamation suffisamment caractérisée.

De la diffamation envers les morts. — Avant de passer à l'étude des autres éléments constitutifs du délit de diffamation, une dernière question intéressante nous reste à examiner. C'est celle de savoir si la diffamation contre la mémoire d'un mort autorise, de la part de ses héritiers, une poursuite correctionnelle, comme constituant un délit prévu par la loi pénale.

(1) Dalloz, v° *Presse*, n° 842.

La loi de 1819 ne renfermait, à cet égard, aucune disposition répressive. Les tribunaux cependant ne tardèrent pas à être saisis de cette grave question; elle se représenta à diverses reprises et ne reçut pas toujours une solution uniforme. Voici, en résumé, les systèmes auxquels elle avait donné lieu :

PREMIER SYSTÈME. — Le délit de diffamation, tel qu'il est défini par l'art. 13 de la loi du 17 mai 1819, comprend indistinctement les imputations dirigées soit contre les vivants, soit contre la mémoire des morts. Il n'y a même pas ici de différence à établir entre les individus qui ont toujours vécu comme simples particuliers et ceux qui ont rempli de leur vivant des fonctions ou emplois publics.

L'art. 13 de la loi du 17 mai 1819 définit, en effet, la diffamation « l'imputation ou l'allégation d'un fait qui porte atteinte à l'honneur ou à la considération de la personne à qui le fait est imputé. » Ce mot « *personne* » comprend les vivants et les morts; la loi ne distingue pas. D'ailleurs, les questions de moralité publique, de paix entre les citoyens, qui ont fait garantir par la loi le respect de la réputation d'autrui ne s'arrêtent pas aux limites de l'existence humaine, et la violation de ce principe, violation plus coupable envers les morts, n'en aurait que plus d'inconvénients et de dangers. En outre, elle serait contraire à l'esprit de la loi de 1819. La mémoire des morts est expressément protégée par plusieurs dispositions de nos lois civiles et pénales (art. 727, 1046, 1047, C. civ.; 447, Inst. crim.; 360, C. pén.). — La sollicitude de ces lois pour la mémoire des morts serait inconciliable avec la prétendue indifférence de la loi de 1819; le silence d'une loi ne s'interprète pas contre son esprit et le but évident qu'elle s'est proposé. — A un autre point de vue, n'est-il pas de toute nécessité que chacun ait l'assurance que l'honneur de sa mémoire ne sera pas moins sauvegardé par la loi que n'est celui de sa vie? Mais qui devra se charger de ce soin? Ce sera évidemment l'héritier, celui qui représente le défunt, qui a pris sa place dans la famille et dans la société, qui le plus souvent porte son nom, qui a hérité de ses biens, de ses droits, qui a revêtu sa personnalité, *qui sustinet personam,* selon l'énergique expression romaine. La mémoire d'un mort entre dans le patrimoine de la famille, et l'héritier trouve dans sa qualité même le droit de défendre tout ce qu'il recueille dans la succession, que ce soit une propriété morale ou matérielle. — Enfin cette opinion n'est-elle pas conforme aux termes mêmes de l'art. 5 de la loi du 26 mai 1819? Ce texte ne donne pas, en effet, au diffamé seulement, mais *à la partie qui se prétendra lésée,* le droit de porter plainte. Il s'applique donc à l'héritier, car celui-ci peut être lésé par l'outrage adressé à la mémoire du défunt dont il continue la personne, et cela quoique la diffamation ne s'applique pas à lui-même.

Quant aux franchises de l'histoire, ajoute-t-on, ce système ne leur porte aucune atteinte : l'écrivain n'aura rien à redouter tant qu'il restera dans les limites de l'exactitude et de la bonne foi (1).

Deuxième système. — La diffamation dirigée uniquement contre la mémoire des morts ne tombe sous l'application d'aucune loi pénale et ne saurait dès lors constituer un délit.

---

(1) Tribunal corr. de la Seine, 9 novembre 1836 — Paris, 14 août 1839 — Cass. (pourvoi formé dans l'intérêt de la loi), 24 mai 1860 — Voyez aussi : Carnot, *Comment. du Code pénal,* t. I, sur l'art. 87, n° 6 — Mangin, *Action publique,* t. I, n° 127 — De Grattier, t. I, p. 167 — Bertin, dans deux articles remarquables du *Droit* (26 et 27 avril 1860).

Aucune loi antérieure à 1819 n'avait prévu ces sortes d'imputations; par suite, pour que l'ancienne législation ait été modifiée, pour que ce qui n'était pas un délit soit devenu tel, il faut trouver dans les lois de 1819 une disposition à cet égard. Or, non seulement on ne rencontre rien de pareil dans le texte de ces lois, mais dans le travail considérable de discussion qui les a précédées, il n'est pas dit un mot de l'innovation qu'elles auraient introduite sur ce point. Le mot « personne » employé par les rédacteurs de l'art. 13 ne désigne jamais dans le langage du droit, et surtout dans celui du droit répressif, qu'une personne actuellement vivante; et dès lors, pour admettre qu'il désignât également un individu décédé ou la mémoire qu'il a laissée, il faudrait dépasser toutes les limites de l'interprétation des lois en matière criminelle. Au surplus, si le législateur avait entendu réprimer les offenses à la mémoire des morts, il n'eût pas manqué d'établir à ce sujet une réglementation spéciale; il eût dit comment s'exécuterait la répression, à quelles personnes appartiendrait le droit de demander des poursuites, et lequel devrait l'emporter de deux héritiers dont l'un voudrait intenter l'action, prétendant que la mémoire du défunt réclame une réparation, tandis que l'autre regarderait le silence comme à la fois plus prudent et plus respectueux pour cette mémoire; il eût pesé équitablement et concilié dans une juste mesure les devoirs de la piété filiale, les justes susceptibilités de la famille et aussi les droits incontestables de l'historien.

Les partisans de ce système n'hésitent pas cependant à y apporter un double tempérament commandé par les principes du droit commun.

(a) Ils reconnaissent aux héritiers le droit d'intenter l'action en diffamation lorsque les imputations dirigées

contre la mémoire de leur auteur sont de nature à porter atteinte à leur honneur et à leur considération, et ont été publiées dans cette intention. Il y a alors diffamation indirecte, et c'est l'action personnelle que les héritiers exerceront.

(b) Dans les autres hypothèses, où la voie criminelle leur est interdite, les héritiers pourront prendre la voie civile et demander, en vertu de l'art. 1382 du Code civil, la réparation du préjudice moral qui leur a été causé par les imputations dirigées contre le défunt. Si, en pareil cas, le défendeur invoque les franchises de l'histoire, ce sera aux magistrats à résoudre la question d'après les lumières de leur raison et de leur conscience (1).

Troisième système. — Les diffamations touchant à la vie privée sont seules susceptibles de répression, quand il s'agit de diffamation envers les morts.

M. Batbie, qui adopte ce système, le justifie par des considérations qu'il n'est pas sans utilité de faire connaître. « Je suis convaincu, dit l'honorable professeur, que si un écrivain remuait la vie privée d'une personne morte et rappelait méchamment des faits étrangers à l'histoire pour satisfaire des haines que la mort d'un ennemi n'a pas effacées, la loi du 17 mai serait applicable. Bien loin d'être couverte par le décès de la personne diffamée, la mauvaise action de l'écrivain qui s'acharne sur une tombe serait plus odieuse... Toute la difficulté consiste à concilier les peines de la diffamation avec les droits de l'histoire (2). » Sur la question ainsi posée, M. Batbie, après avoir discuté diverses objections, expose l'opinion que voici :

(1) Faustin-Hélie, *Traité de l'Instruction criminelle*, t. II, pp. 362 et suiv. — Chassan, *des Délits de la parole*, t. I, nᵒˢ 492 et suiv. — Grellet-Dumazeau, *de la Diffamation*, t. I, nᵒˢ 61 et suiv. — Dalloz, vᵒ *Presse*, nᵒ 1128.

(2) *Droit public et administratif*, t. II, pp. 440 et suiv.

« La loi de 1819 a été rédigée par des législateurs libéraux ; son esprit ne permet pas qu'on l'applique aux faits historiques. Attribuer aux auteurs de cette loi la pensée d'entraver l'historien, ce serait méconnaître l'esprit public du temps où elle fut votée et commettre un véritable anachronisme. Elle a voulu murer la vie privée, et elle l'a fait par une disposition qui s'applique tout aussi bien aux morts qu'aux vivants. Quant aux faits historiques, elle les a livrés à l'appréciation des écrivains calmes ou passionnés, pourvu qu'ils soient de bonne foi. Si, au point de vue de la vie privée, elle défend de diffamer les morts comme les vivants, inversement elle permet, en ce qui concerne les faits historiques, de discuter les vivants tout aussi bien que les morts. »

M. Rousset, sans exprimer nettement son opinion sur la difficulté, ne croit pas qu'on puisse accepter le système de M. Batbie. « Cette doctrine, dit-il, est plus tranchante que fondée. Où finit pour certains hommes la vie privée ? Est-ce que l'histoire serait possible dans de telles limites ? Il ne saurait y avoir de vie murée pour l'historien qui juge un homme ; la postérité, pour lui dresser des statues ou le vouer à l'exécration, a droit de le faire connaître à fond ; c'est la plus haute et la plus impartiale des justices ; il vaut mieux l'éclairer que l'amoindrir (1). »

— Si, nous trouvant encore sous l'empire des lois de 1819, nous avions à prendre parti pour l'un ou l'autre de ces systèmes, nous choisirions le deuxième, qui nous paraît seul conforme à ce grand principe de notre droit criminel, que le juge ne peut suppléer au silence de la loi pénale, qu'il ne lui est pas permis de conclure d'un cas

---

(1) Rousset, *Code général des lois de la presse*, n° 1759.

prévu à un cas distinct, non prévu. Mais aujourd'hui, la question est résolue en termes exprès par l'art. 34 de la loi du 29 juillet 1881 : « Les art. 29, 30 et 31 ne seront applicables aux diffamations ou injures dirigées contre la mémoire des morts, que dans les cas où les auteurs de ces diffamations ou injures auraient eu l'intention de porter atteinte à l'honneur ou à la considération des héritiers vivants. — Ceux-ci peuvent toujours user du droit de réponse prévu par l'art. 13. »

Le commencement de ce texte renferme une erreur matérielle qu'il est facile de rectifier. Il faut lire évidemment : « Art. 34 : — Les art. 29, 31 et 32 ne seront applicables... » Le reste comme ci-dessus. En effet, l'art. 30 concerne les Cours, tribunaux, les armées de terre et de mer, les corps constitués et les administrations publiques. Or, ces corps, comme toute personne morale, ne peuvent mourir ; il n'y aura donc jamais lieu d'invoquer pour eux l'art. 34. En outre, on ne comprendrait pas, en ce qui les concerne, les héritiers d'anciens membres d'une Cour ou d'un tribunal venant demander réparation d'une diffamation qui ne visait que le corps auquel leur auteur appartenait. Enfin, l'explication que nous donnons est confirmée par ce fait que la rédaction de la commission du Sénat, qui est devenue l'art. 34, était ainsi conçue : « Les art. 28, 29 et 31 ne seront applicables, etc... » Or, les art. 28, 29 et 31 du projet de la commission du Sénat sont devenus savoir : l'art. 28 du Sénat, l'art. 29 de la loi ; l'art. 29 du Sénat, l'art. 32 de la loi ; l'art. 31 du Sénat, a conservé ce numérotage dans la loi.

Cette rectification faite, il nous reste à examiner quel est le sens et la portée de la disposition introduite par la loi nouvelle.

Divers points sont à considérer :

1° Il résulte des termes de notre article que pour la diffamation et l'injure contre la mémoire des morts, le plaignant devra faire la preuve que le diffamateur ou l'insulteur a eu l'intention de nuire. A défaut de cette preuve, le prévenu devra être renvoyé des fins de la plainte. C'est là une dérogation à la règle admise depuis longtemps par la jurisprudence, que l'intention de nuire est présumée chez le diffamateur ou l'insulteur.

2° Il faut que la diffamation ou l'injure atteigne personnellement l'héritier qui poursuit. Si l'héritier qui se plaint n'est pas atteint directement ou indirectement par ces imputations, il ne peut qu'intenter une action civile (art. 1382).

3° Le mot *héritiers* doit être entendu ici dans un sens relativement restreint. Ainsi, si le mort diffamé ou injurié a laissé plusieurs héritiers à des degrés différents, ceux qui sont du degré le plus proche ont seuls l'action diffamatoire. S'il y a plusieurs héritiers du même degré, tous ceux que la diffamation atteint réellement ont chacun isolément l'action que leur accorde le présent article.

En résumé, la loi du 29 juillet 1881 repousse la doctrine de la Cour de cassation et consacre formellement le deuxième système que nous avons exposé plus haut : elle n'admet le délit de diffamation des morts qu'autant que la diffamation passe par-dessus leur tombe pour aller frapper des vivants.

DEUXIÈME ÉLÉMENT.

De l'intention de nuire.

Il ne suffit pas qu'un fait diffamatoire soit imputé à une

personne pour qu'il y ait délit, il faut encore qu'une condition commune à tous les délits concoure avec ce fait, que l'auteur de l'imputation ait agi avec une intention coupable, avec l'intention de nuire. C'est qu'en effet il n'y a point d'injure sans l'esprit d'injure et, suivant les termes d'Ulpien, *injuria ex affectu facientis consistat :* « Dans les délits qui se commettent par la voie de la presse, disait M. Portalis devant le Conseil des Anciens, comme dans tous les autres délits, il faut pour caractériser le crime, que la volonté de nuire soit jointe au fait matériel de l'action. » Ce caractère des délits de publication a été aussi nettement formulé par M. de Serre, en exposant les motifs de la loi du 17 mai 1819. « Ce qui rend une action punissable, dit-il, c'est l'intention de son auteur et le mal qu'il a fait ou voulu faire à un individu ou à la société. » La Cour de cassation décide donc avec raison que lorsqu'il est établi par les circonstances de la cause que la publication de l'écrit diffamatoire a eu lieu sans intention coupable, les juges du fait doivent en la constatant déclarer la non-existence du délit (1).

En ce qui concerne cet élément constitutif de la diffamation, à qui incombe la preuve? Au défendeur ou au plaignant?

En principe, l'auteur d'un fait délictueux n'a pas à prouver sa bonne foi. Sans doute il peut avoir à établir qu'il a agi sans intention coupable; ce n'est pas là seulement une exception, c'est toute sa défense; mais cette défense n'est nécessaire qu'autant que la prévention a d'abord elle-même démontré que cette intention résulte des faits. Si elle ne présentait pas cette preuve, le prévenu

______

(1) Cass., 23 mars 1844.

serait dispensé de faire la sienne; il n'y aurait pas de délit.

Telle est la règle générale; mais la jurisprudence y a apporté une exception en matière de diffamation et d'injure publique. A raison du caractère de la publicité qui est attaché au fait, il s'élève contre l'auteur de l'allégation ou de l'imputation une présomption qu'il doit détruire par la preuve contraire. La Cour de cassation a maintes fois consacré cette doctrine : « Celui qui se permet publiquement l'allégation ou l'imputation d'un fait qui porte atteinte à l'honneur ou à la considération d'une personne, agit nécessairement avec la connaissance que la publicité qu'il donne à ce fait sera préjudiciable à la personne à laquelle il est imputé; que cette allégation ou imputation doit donc être réputée de droit faite avec intention de nuire; qu'elle constitue donc par elle-même une diffamation (1). »

Cette présomption de droit qui attache nécessairement l'intention de nuire à un fait matériel, qui la renferme pour ainsi dire fatalement dans ce fait, n'est qu'une fiction de la jurisprudence; elle ne s'appuie sur aucun texte de loi, et elle est même contraire au système général de notre législation criminelle. Dans notre droit actuel, les preuves ne sont ni déterminées ni pesées; le juge affranchi désormais de ces règles inflexibles qui jadis enchaînaient sa conscience et dictaient son jugement, ne doit nul compte des éléments de sa conviction. Souvent, à la vérité, l'intention coupable résultera du fait matériel lui-même; la connaissance que devait avoir le diffamateur du préjudice qu'il pouvait causer, en sera parfois un élément sérieux.

(1) Cass., 15 mars 1821.

Mais pourquoi cette circonstance ne serait-elle pas appréciée comme toutes les autres? Sa valeur est-elle donc absolue? Ne peut-elle se modifier et offrir le caractère tantôt d'une présomption grave, tantôt d'un simple indice? — Mais le seul fait d'une publication préjudiciable, affirme la Cour suprême, dénote nécessairement l'intention de porter préjudice! Une telle proposition nous paraît singulièrement exagérée. La plupart du temps le diffamateur est surtout coupable de légèreté ou d'imprudence; rarement il prévoit et mesure le dommage qu'il peut causer. Or, en déclarant que l'imprudence, que la légèreté est un élément suffisant du délit, on méconnaît le principe que l'intention de nuire est un élément nécessaire de la diffamation; on lui substitue un autre élément, la condition d'une simple faute.

Ainsi, d'après la jurisprudence, il y a toujours présomption de mauvaise foi, il y a toujours présomption de l'intention de nuire. Le prévenu aura bien la faculté de combattre cette présomption de droit par des faits particuliers, mais alors il devra lui-même administrer sa preuve. Quant au tribunal, il ne peut accueillir ses moyens de défense, sans exprimer dans son jugement les motifs qui ont fait écarter la mauvaise foi ou l'intention de nuire (1). De sorte que, dans ce système, les tribunaux ne sont pas tenus de motiver l'intention de nuire quand ils la reconnaissent; mais ils sont tenus de motiver son absence quand ils ne la reconnaissent pas. C'est le renversement des règles élémentaires du droit (2).

Toutefois, dans certains cas tout à fait spéciaux, la Cour

----

(1) Cass., 18 mars 1881.

(2) Voyez, en ce sens, Faustin-Hélie, *Revue de législ. et de jurispr.*, 1844, pp. 199 et suiv.

de cassation a cru devoir faire retour aux vrais principes.
Nous avons déjà vu, par exemple, que relativement aux
diffamations contre la mémoire des morts, on doit prouver
que le diffamateur a eu l'intention de nuire à la réputation
d'une personne vivante. De même, si le prévenu était, par
la nature de ses fonctions, obligé de révéler les faits diffamatoires, il n'a pas à établir qu'il a agi de bonne foi. Ici,
la présomption subsiste en sa faveur : c'est à l'adversaire
à prouver la mauvaise foi de l'imputation et l'intention
de nuire (1).

L'appréciation de l'intention de nuire et de la mauvaise
foi appartient exclusivement aux juges du fait et leur
décision à cet égard échappe à là censure de la Cour de
cassation.

Nous n'avons pas cherché à définir l'intention coupable
en matière de diffamation. D'après M. Grellet-Dumazeau,
il ne faut pas entendre exclusivement par là le dessein de
causer à autrui un dommage plus ou moins immédiat soit
dans sa fortune, soit dans son honneur ou dans sa considération. L'intention de nuire devrait être envisagée dans
un sens plus moral, plus indépendant du préjudice qui
peut en résulter et de la personne qui peut en souffrir.
C'est, dit le savant auteur, un fait de *conscience* que le
droit romain appelait invariablement *dolus*, et que ses
interprètes ont exprimé par « *animus injuriandi*, »
c'est-à-dire l'esprit de dénigrement, de malice, de mé-
chanceté, le désir de satisfaire une mauvaise passion, un
ressentiment (2). Quoi qu'il en soit, l'élément intentionnel
se constate par les circonstances de la cause et surtout

(1) Cass., 27 juin 1851.
(2) Grellet-Dumazeau, t. I, p. 148.

par l'attitude des parties. Il faut donc laisser ici de côté toute dissertation doctrinale et se borner à signaler quelques solutions d'espèces :

(a) Il y a diffamation dans le fait d'afficher dans un lieu public un placard indiquant une condamnation subie par un individu (1). Qu'un journal publie le jugement ou relate simplement la condamnation, soit! il n'y a pas de délit. Mais malheur à celui qui afficherait ce journal, il serait déclaré coupable de diffamation. La chose paraît bizarre, mais elle est juridique; l'intention de nuire fait tout.

(b) Ne sont pas répréhensibles les imputations ou allégations de faits déshonorants, lorsqu'elles interviennent pour la défense d'un droit. Ainsi le témoin, le juge, l'expert que, dans un procès où ma fortune est intéressée, j'accuse et convaincs de corruption, ne sauraient se prétendre diffamés et demander réparation. A plus forte raison doit-on admettre la même solution pour le cas où victime d'un vol ou d'une escroquerie, je dénonce à la justice le voleur ou l'escroc. Il a été jugé en ce sens que celui qui, sur des indices suffisants pour motiver ses soupçons et sans intention calomnieuse, signale à tort un individu comme auteur d'un délit, ne saurait être considéré comme coupable de diffamation.

(c) Un comité électoral, vivement attaqué, a répondu en se servant des expressions mêmes employées contre lui. S'il résulte des faits que l'unique mobile a été l'intérêt de la défense et l'intention de contredire les adversaires sans les diffamer, le tribunal peut acquitter les prévenus, en déclarant que l'intention coupable n'existe pas (2). Les

(1) Seine, 9 juillet 1881.
(2) Cass., 10 novembre 1876.

juges d'ailleurs doivent toujours examiner avec soin les délits par paroles ou par écrit commis pendant la période électorale. Le prévenu n'est pas punissable lorsque ce n'est pas l'intention de nuire qui l'a guidé, mais le désir d'éclairer les électeurs et de repousser des attaques (1).

Il faut donc tolérer certaines allégations sur les candidats pendant la période électorale. Mais il est une limite qui sépare la polémique et la discussion de l'invective et de la basse insulte. Les actes de diffamation incriminés avaient-ils pour but de prémunir les citoyens contre un choix nuisible à leurs intérêts, de mettre au jour soit l'incapacité soit les mauvais antécédents du candidat, d'établir la supériorité de son concurrent sur lui, les tribunaux s'abstiendront d'en condamner les auteurs. Ces actes avaient-ils, au contraire, pour but de salir sans utilité, et pour le profit personnel d'un ennemi, la réputation de celui qui en a été victime, de quel droit et pour quelle raison les laisser impunis ?

D — A un autre point de vue, tout le monde reconnaît qu'un historien peut rendre compte de faits portant atteinte à l'honneur et à la considération d'un citoyen, si ces faits constatés ou divulgués dans des documents publics, se rattachent à l'histoire du pays, et si le compte rendu est fait avec mesure et convenance (2).

L'intention de nuire, avons-nous dit, s'apprécie d'après les circonstances de la cause et surtout d'après l'attitude des parties. Il faut d'abord mettre de côté le cas d'irresponsabilité absolue du diffamateur. Sur ce point, il est inutile d'insister : les principes n'ont jamais varié depuis les

(1) Besançon, 2 avril 1881.
(2) Chassan, t. I, p. 375.

Romains, et Voët les exprime parfaitement lorsqu'il écrit :
Frustra apud judices de injuria per infantes aut infantiæ proximos, vel furiosos aut amentes illata, conquestus quis fuerit, cùm illos œtas et innocentia consilii, hos fati infelicitas doli capaces esse non sinat (1).

Mais examinons rapidement certaines hypothèses qui se présentent tous les jours dans la pratique.

1° *De la bonne foi.* — D'après la jurisprudence, il ne suffit pas de constater la bonne foi du prévenu pour faire disparaître le délit : la bonne foi n'exclut pas nécessairement l'intention de nuire (2). Il faut distinguer : si la bonne foi constatée par le juge se rattache à l'intention du prévenu, aux motifs qui l'ont fait agir, au but qu'il se proposait, il est évident qu'elle exclut la culpabilité, car la bonne foi, prise dans ce sens, ne pourrait, sans contradiction, s'allier au dessein de nuire; si cette excuse, au contraire, est puisée, non dans la moralité de l'agent, mais dans la nature du fait imputé, si elle provient uniquement de ce que l'imputation était fondée sur un fait vrai, elle cesse aussitôt d'être admissible, ou du moins, elle peut atténuer, mais elle n'efface plus la culpabilité, puisque dans le système de notre législation actuelle, le délit de diffamation ne dépend nullement de la fausseté du fait imputé.

2° *De l'ivresse.* — L'ivresse serait-elle une excuse, en cette matière, et l'inculpé pourrait-il en arguer pour établir le défaut d'intention malveillante chez lui? Nous ne le pensons pas. Tout au plus, son état d'ébriété, au moment du délit, pourrait-il être considéré comme une

(1) Voët, *Comm. ad Pand.*, I. XLVII, tit. X.
(2) Toulouse, 30 décembre 1836.

circonstance atténuante en sa faveur, et influer sur l'application de la peine (1).

3° *De la provocation.* — Enfin, le délit de diffamation envers les particuliers peut-il, dans le cas de provocation, être considéré comme excusable?

Les lois de 1819 ne disaient rien de la provocation. Le silence du législateur à cet égard avait donné lieu à des solutions diverses plus ou moins arbitraires. Ainsi, on admettait en général que la provocation pouvait avoir pour résultat de dépouiller entièrement le fait de son caractère criminel, si elle consistait elle-même dans un fait diffamatoire. A l'appui de cette opinion, on invoquait la doctrine des anciens auteurs, Carpzovius et Godefroy, et la maxime : *Paria delicta mutua pensatione tolluntur* (2). Enfin, ajoutait-on, la diffamation envers les particuliers est surtout un délit privé ; c'est l'intérêt privé qui domine alors le litige ; quant à la condamnation, dans l'intérêt de la vindicte publique, elle est subordonnée à la preuve que la plainte de la partie lésée est légitime, et cette plainte n'est pas légitime si les discours diffamatoires qu'elle dénonce ont été provoqués par des assertions semblables de la part du plaignant (3).

Malgré les considérations qu'il invoque, ce système nous paraît inadmissible. Effectivement, en droit commun, la provocation n'est considérée comme une excuse que dans certains cas déterminés par la loi (art. 221 et suiv., C. pén.).

---

(1) De Grattier, t. I, p. 180.

(2) Carpzovius, *Rerum crimin.*, pars 2, quæst. 97, n⁰ˢ 42-47 — Gothofredus, *in leg. 18, de Inj. et fam. lib.* — Darreau, *Traité des injures*, pp. 456-458.

(3) Paris, 17 décembre 1835 — Cass., 11 octobre 1827 — De Grattier, t. I, pp. 189-190.

Or, « nul crime ou délit ne peut être excusé, ni la peine mitigée que dans les cas et dans les circonstances où la loi déclare le fait excusable et permet de lui appliquer une peine moins rigoureuse » (art. 65, C. pén.). Il est vrai que l'art. 471, § 11, du même Code, admet en matière de simple injure verbale entre particuliers l'excuse tirée de la provocation ; mais si la loi reconnaît l'excuse pour ce cas spécial, ne doit-on pas en conclure qu'on ne saurait accueillir l'excuse dans d'autres hypothèses ? Il est incontestable que l'art. 471, § 11, ne s'applique qu'aux injures verbales dont la répression appartient aux tribunaux de simple police ; par conséquent, dès qu'il s'agit de diffamation proprement dite, il faut soutenir que les moyens tirés de la provocation ne peuvent être invoqués que comme circonstances atténuantes.

Ce sentiment qui s'impose à notre esprit en présence des lois de 1819 devient plus énergique encore si nous consultons la législation nouvelle. L'excuse de la provocation y a été prévue par l'art. 33. Mais ce texte s'occupe uniquement de l'injure publique ; c'est donc à ce délit seul que notre dernière loi a étendu le principe de l'art. 471, § 11, en laissant de côté, d'une manière bien significative, ce qui a rapport à la diffamation, délit absolument distinct. Désormais le silence de la loi sur ce point ne saurait plus servir de prétexte à des doctrines fantaisistes. La loi a parlé, et l'on peut suivre, sans difficulté, l'économie de ses dispositions. L'excuse de la provocation sera accueillie : 1° en matière de contravention d'injure ; 2° en matière de délit d'injure publique envers des particuliers. Elle sera repoussée au contraire conformément au droit commun, lorsqu'il s'agira du délit de diffamation.

TROISIÈME ÉLÉMENT.

De la publicité.

Il n'y a pas de délit de diffamation sans publicité. Le but
du délinquant n'est pas réalisé, en effet, aussi longtemps
que les propos diffamatoires ne sont pas parvenus à la
connaissance des tiers; le délit n'est pas commis encore,
puisqu'il n'y a pas encore atteinte portée à la considération
et à l'honneur de la personne qu'ils attaquent. La diffamation non publique n'est qu'une simple contravention
passible des peines portées par l'art. 471 du Code pénal.
Mais pour constituer le délit dont nous nous occupons, la
publicité est essentielle.

Cette condition ne saurait être contestée en présence de
la loi du 29 juillet 1881, qui reproduit exactement sur ce
point les termes mêmes de la loi de 1819 (art. 23, 30-32,
loi du 29 juillet 1881). Ce que le législateur veut réprimer
par ces dispositions, ce sont « les crimes et délits commis
par la voie de la presse, ou par tout autre moyen de publication. » Telle est, en effet, la rubrique du chapitre IV
de notre loi, et l'art. 23 s'empresse de nous l'expliquer
sommairement de la manière suivante : le délit de diffamation sera commis « soit par des discours, cris ou menaces proférés dans des lieux ou réunions publics, soit par
des écrits, des imprimés vendus ou distribués, mis en vente
ou exposés dans des lieux ou réunions publics, soit par des
placards ou affiches exposés aux regards du public (1). »

(1) Cf. art. 1er, l. 17 mai 1819.

L'énumération de ces moyens de publicité est-elle limi-
tative? Nous le croyons; et c'est ce qui a été décidé, sous
l'empire des lois de 1819, par un arrêt de la Cour de Riom
du 13 novembre 1867. Aujourd'hui, la même solution
doit être appliquée, puisque les textes à cet égard n'ont
pas été modifiés. De même que l'art. 1er de la loi du
17 mai 1819, l'art. 23 de la loi de 1881 est formel en ce
qui concerne la provocation aux crimes et délits. Or, les
art. 30-32 de notre nouvelle loi ne punissant que les
diffamations et les injures commises par l'un des moyens
énoncés en l'art. 23, entendent évidemment s'en référer à
cet article pour tout ce qui est relatif à la condition de
publicité. Et la Cour de Riom pousse si loin cette doctrine
dans l'arrêt cité plus haut, qu'elle n'admet pas même que
la publicité puisse résulter de la répétition aussi fréquente
que l'on voudra, d'un acte non prévu à l'art. 1er de la loi
de 1819. Le prétendu offenseur peut avoir propagé sa
diffamation auprès d'un grand nombre de personnes, la
publicité de fait peut être considérable, il n'importe! la
diffamation ne saurait être relevée, car les moyens de divulgation énoncés à l'art. 1er n'ont pas été mis en usage.

L'art. 23 de la loi de 1881 exige la condition de publicité
aussi bien pour la diffamation parlée que pour la diffamation écrite. Mais suivant qu'il s'agira de l'une ou de
l'autre, les éléments de cette publicité pourront varier. Il
importe donc d'établir ici quelques distinctions.

A — DIFFAMATION PARLÉE.

1° *De la profération*. — La première condition re-
quise, c'est que les discours, cris ou menaces diffamatoires
aient été PROFÉRÉS. Ce caractère de la publicité a été bien

précisé à la Chambre des députés, lors des discussions qui précédèrent la rédaction des lois de 1819. Le projet de la Commission portait : « Quiconque, soit par des discours *tenus,* soit par des cris ou menaces proférés... » M. Jacquinot de Pampelune déposa un amendement tendant à supprimer le mot *tenus,* en sorte que le mot *proférés* se rapportât aux discours. « Si le discours a été tenu à voix basse, disait l'auteur de l'amendement; si celui qui l'a tenu s'est borné à une simple confidence; en un mot, s'il n'y a pas eu de publicité réelle, peut-on assimiler un pareil fait à celui que la loi a voulu punir? Cependant, il est vrai de dire que ces termes du projet de loi « *quiconque,* etc., » sembleraient punir ou les simples propos quelque part qu'ils fussent tenus, ou 'tout au moins, ceux qui, même à voix basse, auraient été tenus dans des lieux publics. Je ne pense pas que telles soient ni votre intention, ni celle des auteurs du projet; et c'est pour éviter toute fausse interprétation que je propose de supprimer de la première phrase du projet le mot *tenus,* en sorte que cette phrase restera ainsi conçue : Quiconque, soit par des discours, soit par des cris ou menaces proférés dans des lieux ou réunions publics, etc... Le mot *proférés* comporte une idée de publicité beaucoup plus étendue que l'expression *tenus* dont je propose la suppression. D'ailleurs, je le rapporte non seulement au mot *discours,* mais aux deux substantifs *cris* et *menaces,* ce qui achèvera de compléter l'idée de la publicité (1). » Le ministre de la justice répondit aussitôt que le mot *proférés* exprimait mieux que les discours auraient été tenus publiquement et donna son approbation à l'amendement proposé.

______

(1) Voir au *Monit. off.* le compte rendu de la séance du 15 avril 1819.

Il faut avoir soin d'ailleurs de donner à ce mot *proférés* son véritable sens juridique. Il embrasse les propos tenus dans un lieu public sur le ton de la conversation ordinaire, et n'excepte que ceux dits à voix basse et à titre confidentiel (1).

2° *Des lieux ou réunions publics.* — Il faut que les discours, cris ou menaces aient été proférés dans des *lieux ou réunions publics.* C'est avec dessein que la loi dit « lieux ou réunions publics ; ».car un lieu peut être public sans qu'il y ait réunion publique, et réciproquement une réunion peut être publique hors d'un lieu public. Nous allons examiner successivement chacune de ces deux propositions.

(a) — *Lieux publics.* — Quels sont les lieux qu'il faudra considérer comme publics? La loi ne nous donne, à cet égard, aucune indication précise : force nous sera par conséquent, de nous en tenir au sens vulgaire et habituel des termes.

Toutefois les commentateurs ont essayé de définir ce qu'il faut entendre par un lieu public. C'est la définition donnée par M. de Grattier qui nous paraît la plus exacte. « Un lieu est public, dit-il, toutes les fois qu'il est ouvert et accessible de jour ou de nuit aux citoyens ou à une classe de citoyens, soit d'une manière absolue, soit en remplissant certaines conditions d'admissibilité, ou en payant une rétribution. »

M. Chassan, de son côté, enseigne qu'il y a des lieux publics : 1° par leur nature ; 2° par leur destination ; 3° par accident. Les premiers sont ceux qui se trouvent constamment accessibles à tout le monde, comme une

____

(1) Cass., 26 novembre 1864.

rue, une place, une promenade. Les seconds sont ceux qui, sans être publics par leur nature, le sont par l'usage habituel qu'on en fait, et notre auteur range dans cette catégorie : les églises, les musées, les bibliothèques publiques, les lieux où siègent les tribunaux, les cours gratuits, les salles de spectacle ou de bal, etc., etc. Enfin, les lieux publics par accident sont ceux auxquels manque la circonstance de fixité et de permanence et qui ne prennent le caractère de publicité que précairement et d'une manière éventuelle. Tels sont les lieux privés, ouverts passagèrement au public, une maison prêtée ou louée accidentellement pour un spectacle public, pour une assemblée électorale, etc. (1).

Cette division tripartite, quoique n'ayant pas une grande importance, peut être admise sans inconvénient. Pour les lieux de la seconde et de la troisième catégorie, les juges devront examiner si, au moment où l'on prétend que le délit y a été commis, ils revêtaient un caractère public ou privé.

Mais lorsque l'acte diffamatoire aura été commis dans un lieu public de sa nature, est-il, de plus, indispensable qu'il s'y soit trouvé, au même moment, des assistants ou des passants ? La question est controversée.

D'après un premier système, il faudrait admettre la négative. La loi, effectivement, se borne à dire que l'imputation proférée dans un lieu public sera répréhensible. Elle n'ajoute pas : il faut que dans ce lieu public, il y ait du public. Cette dernière circonstance est donc tout à fait indifférente. Le discours a-t-il été proféré ? Le lieu est-il public ? Ce sont là les seules questions à examiner. En

(1) Chassan, t. I. p. 48.

matière de délits commis par voie de publication, le lieu
est public bien qu'il ne s'y trouve pas d'assistants, de
même qu'en matière de vol la maison est *habitée,* quoiqu'elle soit dégarnie momentanément de tous ses habitants. — Telle est l'opinion de M. Chassan qui, après
avoir établi les distinctions que nous avons rappelées tout
à l'heure, ajoute à la même page, en parlant des lieux
publics par leur nature : « Peu importe qu'il y ait ou non
des assistants. » On peut citer, en ce sens, un arrêt de la
Cour de cassation du 26 mars 1843, où il est dit que
« dans un lieu public de sa nature, il y a toujours ou réunion ou passage de citoyens, et conséquemment aussi
toujours présomption nécessaire et légale de la publicité
de l'imputation. »

Un autre système paraît avoir prévalu. On admet généralement, dans tous les cas, soit que le lieu où les discours
auront été proférés, ait été public par sa nature, ou par
destination, ou par accident, qu'il est nécessaire que ces
discours aient été proférés au moins en présence d'une
personne ou de manière à être entendus par elle, pour
constituer la circonstance essentielle de la publicité.
Comment, en effet, les discours proférés dans une rue dé-
serte deviendraient-ils une diffamation? Ce terme de *diffamation,* l'emploi même du mot *proféré,* l'assimilation
d'un lieu public à une réunion publique supposent l'assis-
tance au moins d'un témoin. — M. de Grattier a défendu
énergiquement cette doctrine (1), et la Cour de cassation,
revenue sur son ancienne jurisprudence, exige aussi qu'à
la publicité résultant du seul fait que le lieu est public, on
ajoute la publicité résultant de la présence du public (2).

(1) De Grattier, tom. I, pp. 122 et 123.
(2) Cass., 2 août 1832 — 30 juillet 1852 — 29 décembre 1865.

C'est aussi l'opinion de M. Dalloz. « La Cour régulatrice, dit le savant jurisconsulte, reconnaît aujourd'hui avec beaucoup de raison, ce nous semble, que la publicité ne résulte pas nécessairement du lieu dans lequel le délit a été commis, car ce lieu, bien que public par sa nature, pouvait être désert au moment de la réalisation du délit, et dans ce cas il était juste de reconnaître que le caractère de la publicité manquait. »

Au surplus, il n'est pas possible de dire à quel nombre de personnes commence le chiffre nécessaire à constituer la publicité. Si le discours, par exemple, a été proféré dans une rue habitée, même alors que personne ne se trouvait dans la rue, il constituera sans doute une diffamation publique, s'il a pu être entendu des habitants qui se trouvaient dans leurs maisons. Cette circonstance dont l'appréciation est abandonnée à la prudence du juge, loin de combattre l'interprétation que nous avons admise, la confirme au contraire.

Il a été jugé, dans une espèce différente, que des propos tenus par un particulier dans sa maison, lorsqu'il n'y a pas de témoin, n'ont pas une publicité suffisante pour constituer une diffamation, quoiqu'ils aient été entendus au dehors.

Une diligence allant d'un lieu à un autre est-elle un lieu public ? Un arrêt de la Cour de cassation du 27 août 1831 a résolu négativement cette question : « Dès le moment où deux individus réunis à trois autres ont occupé dans la diligence les places qu'ils avaient retenues, elle a cessé d'être à leur égard un lieu public, et ils ont acquis une sorte de copropriété pendant tout le temps qui s'est écoulé entre leur départ et leur arrivée à destination. » — Nous ne pouvons partager cette doctrine. Une diligence est véritablement ouverte à tous ceux qui se présentent pour prendre les places qui y vaquent en payant le prix convenu, comme l'est un café, une auberge, comme l'est un paquebot ou un compartiment de chemin de fer.

(b) — Réunions publiques. — La publicité de la diffamation peut résulter de ce que les propos injurieux ont été proférés au milieu d'une *réunion publique*. Ici, on ne se préoccupe plus de la qualité du lieu où le délit se produit : une réunion publique peut se tenir dans un lieu non public (1).

Mais quand pourra-t-on dire qu'il y a réunion publique? En général, le concours d'un grand nombre de personnes, la présence des autorités locales, l'absence de relations personnelles et intimes entre les assistants, l'accessibilité à toutes personnes du local où se tient la réunion, tous ces éléments isolés ou combinés devront être pris en considération. Mais il est certain que deux ou trois personnes étrangères l'une à l'autre, qui se trouveront réunies dans un lieu privé, ne constitueront pas une *réunion publique*. Il faudra que le nombre des personnes assemblées soit assez élevé pour que, dans un sens moral, la réunion devienne publique, ou bien que les autorités locales soient appelées par la voix publique, par des réclamations particulières, ou, enfin, à raison de la nature même de la réunion. C'est aux tribunaux d'ailleurs qu'il appartient et que la loi a laissé le soin de déterminer les circonstances qui donneront le caractère de réunion publique à une réunion tenue dans une maison ou dans un lieu privé (2). Il a été jugé, par

(1) Cass., 10 décembre 1842.
(2) Cass., 15 mars 1832 — 26 janvier 1826.

exemple, qu'une réunion dans une maison particulière peut prendre le caractère de réunion publique, lorsqu'elle se compose d'un nombre assez considérable de personnes rassemblées, sans invitations nominatives (1).

Au contraire, une réunion de famille, d'amis ou de connaissances, quelque nombreuse qu'elle soit, ne peut jamais constituer une réunion publique. La pensée doit avoir alors une entière liberté de s'exprimer et elle peut s'abandonner à toute l'expansion qui naît de la confiance et de l'intimité. De nombreux arrêts décident également que les séances d'un conseil municipal ne constituent pas des réunions publiques. En effet, dit la jurisprudence, le local destiné à recevoir un conseil municipal est un lieu secret, et la réunion de ce conseil est une assemblée de famille appelée à délibérer sur des objets d'intérêt public, dans laquelle ne peuvent être admis que les membres qui le composent (2). Mais ces séances acquerraient un caractère de publicité si les propriétaires les plus imposés se trouvaient présentement réunis aux membres du conseil (3).

La classe d'une école composée non seulement d'internes mais aussi d'externes, est une réunion publique (4).

— Ainsi, une diffamation, commise dans un lieu privé, n'est publique qu'à raison du nombre et des relations habituelles des personnes qui en ont été les témoins.

Dans un lieu public, au contraire, toute réunion est publique de sa nature; et nous savons déjà que si l'on se trouve dans un endroit ouvert à tout le monde, il peut y

(1) Cass., 26 mai 1859.
(2) Riom, 16 juillet 1830 — Cass., 23 novembre 1871.
(3) Orléans, 18 juillet 1835.
(4) Cass., 9 novembre 1832 — Parant, p. 70.

avoir publicité réelle, sans qu'il y ait, à proprement parler, *réunion* : il suffit que les propos diffamatoires aient été entendus d'un passant ou de quelques personnes isolées. C'est surtout la qualité du lieu lui-même qui constitue alors la publicité.

Il faut pourtant faire une restriction. Un lieu public qui, dans une circonstance particulière, est loué *spécialement et privativement* pour une réunion cesse, en quelque sorte, d'être public. Par conséquent, la condition de publicité fera défaut, en ce cas, lorsqu'il sera établi que la réunion n'eût point eu, par elle-même, à cause des relations existantes entre les personnes qui la composent, le caractère de réunion publique, si elle avait été tenue dans un lieu privé.

B — Diffamation écrite.

Nous entendons désigner par ces mots *diffamation écrite,* celle qui est commise soit par des écrits ou imprimés, soit par des placards ou affiches. Il n'est pas toujours aisé, en cette matière, de déterminer le caractère de publicité de l'imputation. Un écrit, en effet, peut n'être vu que par certaines personnes, au su et du consentement de son auteur, d'une façon toute confidentielle ; il peut être porté aussi par mille moyens à la connaissance de chacun. Où commence et où finit la publicité ? Le législateur a tracé à cet égard certaines règles que nous devons faire connaître.

D'après l'art. 23 de la loi du 29 juillet 1884, la publicité résulte de la *vente,* de la *distribution,* de la *mise en vente* des écrits diffamatoires, ou de leur *exposition* dans des lieux ou réunions publics. La circonstance de *lieu public* ne s'applique ici qu'au fait d'exposition et nullement à la vente, distribution ou mise en vente. Cette circonstance, en effet, était indispensable pour qualifier l'exposition, qui ne peut évidemment avoir le caractère de publication si elle a été faite dans un lieu privé, par exemple dans l'intérieur d'une maison. A l'égard de la vente, de la distribution et de la mise en vente, il en est autrement, car ces actes renferment en eux-mêmes l'idée de publicité. La Cour de cassation a toujours décidé que la publicité en pareille matière résultait de cela seul que les écrits avaient été vendus ou distribués (1).

Il faut aller plus loin : la simple *mise en vente* d'un écrit injurieux suffit pour qu'il y ait publication. Or, il peut y avoir mise en vente sans que la vente ait été consommée, alors seulement que l'ouvrage a été offert en vente ou simplement annoncé comme étant en vente. Cependant les écrits trouvés dans l'arrière-boutique d'un libraire, renfermé dans des caisses encore clouées, ne peuvent être considérés comme mis en vente dans le sens de l'art. 23, ni être la cause de poursuites contre le libraire, quand bien même des exemplaires du libelle existeraient chez des particuliers, puisque cette distribution ne proviendrait pas nécessairement de son fait (2).

La *distribution* peut être gratuite, comme elle peut être faite à prix d'argent. Mais elle n'en est pas moins répréhensible dans le premier cas; elle offre même alors un plus grand danger résultant d'une publication plus prompte et plus facile.

Les lettres missives, lorsqu'elles sont adressées de par-

(1) Voyez notamment Cass., 21 novembre 1812 — 17-18 avril 1823.
(2) Amiens, 8 mars 1823 — Paris, 17 octobre 1833.

ticulier à particulier, et sous la forme confidentielle que
revêt en général cette sorte de correspondance, n'ont pas,
cela est admis de tous, un caractère public. Une lettre
n'est, en effet, dans ces conditions, qu'une conversation
entre deux personnes, et, de même que la conversation
verbale, on doit la tenir pour absolument privée. Mais,
pour bénéficier de cette qualité, elle doit rester telle que
nous l'avons décrite; car une lettre porte en elle-même,
et, si l'on peut s'exprimer ainsi, en puissance, une publicité très considérable. Que de cette lettre il soit tiré plusieurs copies, que ces copies soient adressées à plusieurs
personnes chargées d'en divulguer le contenu; immédiatement cette lettre acquiert un haut degré de publicité,
et la notoriété des diffamations qu'elle peut contenir ne
saurait plus être contestée (1). Une lettre, même unique,
pourra aussi devenir publique, si elle a été communiquée
à plusieurs personnes, encore qu'elle ne l'ait été que clandestinement et sous forme confidentielle, lorsqu'une publicité de fait a été réellement donnée à son contenu : ce
que les tribunaux apprécieront souverainement. C'est ce
que fait remarquer avec beaucoup de raison M. de Grattier:
« Si, dit-il, la communication faite même sous l'apparence
d'une confidence, l'était à un grand nombre de personnes,
elle pourrait devenir une véritable publication. La forme
donnée à la communication ne serait qu'un prétexte pour
la déguiser, qu'un moyen imaginé pour mieux frapper
dans l'ombre et pour se soustraire aux lois. La communication aurait alors tous les caractères de la publication;
l'action de distribuer est celle qui donne nécessairement
la publicité (2). »

(1) Cass., 29 juillet 1858.
(2) De Grattier, t. I, p. 126.

Mais la simple communication d'un écrit diffamatoire à une, deux ou trois personnes ne peut être assimilée à une distribution, ni à une exposition publique.

Depuis l'introduction en France de la correspondance à découvert au moyen de cartes postales, la question s'est élevée de savoir si ces cartes devaient être considérées comme publiques, et si les imputations diffamatoires ou les termes injurieux qu'elles pourraient contenir appelleraient la répression de la loi. Nous croyons que cette question doit être résolue négativement. La carte postale, en effet, dès qu'elle est expédiée, se trouve confiée, dans un bureau de poste, lieu essentiellement privé, à des employés qui peuvent la lire, assurément, qui le doivent même dans certains cas, mais qui sont tenus de garder le secret le plus absolu sur les correspondances qui leur sont remises. Sortie des bureaux, elle demeure entre les mains d'un facteur qui ne la doit communiquer à personne, et, des mains de ce facteur, elle passe directement dans le domicile du destinataire, lequel est aussi un lieu privé. On ne voit donc pas où les conditions de publicité requises par la loi pour l'existence du délit de diffamation et d'injure pourraient être relevées. Ces idées ont été très nettement exposées par un jugement du tribunal correctionnel de Rouen dans une espèce assez caractéristique ; il s'agissait d'un rendez-vous donné par carte postale non signée à une dame, dans des termes offensants pour sa réputation. Le tribunal décida que, vu que la carte postale n'avait pas été exposée dans un lieu public, ni communiquée au public, elle ne pouvait être considérée, en elle-même, comme ayant un caractère de publicité ; que, par conséquent, on ne pouvait relever dans son contenu les délits de diffamation ou d'injure (1). Sur l'appel qui fut formé de ce jugement, la Cour de Rouen rendit un arrêt confirmant la décision des premiers juges (2).

Cette solution est juridique ; elle nous semble à l'abri de toute discussion, mais à la condition qu'on se renferme exactement dans l'espèce prévue par le jugement que nous venons de citer. Si la carte postale avait été, en fait, communiquée à plusieurs personnes dans le but d'en divulguer la teneur, ou bien si elle avait été adressée à son destinataire dans un établissement public et soumise ainsi aux commentaires de la malveillance, le délit de diffamation publique devrait alors paraître suffisamment caractérisé (3).

La publicité donnée même à une lettre du plaignant dans laquelle se trouveraient relatés des faits ou consignés des aveux de nature à porter atteinte à son honneur ou à sa considération, pourrait constituer le délit de diffamation. Le prévenu ne serait nullement autorisé, dans un cas pareil, à prétendre que la publicité donnée au contenu d'une lettre n'est pas le délit de diffamation, par ce motif que les allégations qui y sont renfermées émanent du plaignant. En effet, dans l'esprit de leur auteur, ces allégations étaient purement confidentielles, adressées à une seule personne à laquelle il avait sans doute ses raisons de s'abandonner, tandis que leur nature a été changée entièrement par le fait de la publication.

En vertu des mêmes principes, la lecture en présence d'un grand nombre de personnes et dans un lieu public, d'une lettre adressée par une jeune fille à son amant,

---

(1) Cependant, comme il y avait une contravention d'injure, l'auteur fut condamné à la peine édictée par l'art. 471 du Code pénal.

(2) Rouen, 24 juillet 1873 — Montpellier, 2 février 1876.

(3) Seine, 2 juillet 1873 — 17 août 1877.

a été jugée délictueuse par la chambre criminelle de la Cour de cassation (1).

La *publication*, en matière de journaux et d'imprimés destinés à être rendus publics, s'induit du simple fait du dépôt de l'exemplaire signé en minute, que l'art. 3 de la loi du 29 juillet 1881 prescrit de faire *au moment* de la publication au parquet du procureur de la République (2). Mais comme la publication a pu être arrêtée ou suspendue par une circonstance quelconque, ce n'est là qu'une présomption qui doit céder à la preuve contraire et cette preuve est à la charge du journaliste. Au contraire, la présomption de publication ne résultait pas, en matière d'imprimés non périodiques, du dépôt prescrit pour ces sortes d'imprimés, par l'art. 14 de la loi du 21 octobre 1814. La raison en est que ce dernier dépôt dont l'obligation n'était imposée qu'à l'imprimeur, ne devait pas, comme celui qui est relatif aux journaux, être fait *au moment* de la publication, mais *avant* la publication (l. 21 octobre 1814, art. 14, 16; 26 mai 1819, art. 29). Il manquait dès lors des caractères nécessaires pour constituer une présomption *juris* de publication, et ne pouvait plus être qu'une circonstance indicative de l'intention de publier.

L'*exposition* n'est un élément de publicité que si elle se produit dans un lieu ou dans une réunion publique. Notons cependant qu'il y aurait encore publicité si les placards ou affiches exposés dans un lieu privé, pouvaient être de ce lieu lues par le public. Mais la publicité ne résulte pas de ce seul fait que plusieurs personnes ont eu

(1) Cass., 15 décembre 1859.
(2) L'art. 8 de la loi du 18 juillet 1828 édictait la même prescription.

connaissance des imputations diffamatoires; il faut, pour qu'elle existe, qu'il ait été loisible aux gens du dehors, étrangers au cercle restreint et privé dans lequel elles se sont produites, d'en prendre connaissance. Nous dirons donc que des faits injurieux ou déshonorants, consignés sur les registres d'un conseil municipal, ne devraient pas être considérés comme diffamatoires aussi longtemps qu'ils resteraient connus seulement des membres de ce conseil. Mais que ces registres des délibérations soient exposés à tous allants et venants, que copie soit donnée de son contenu à diverses personnes, dès ce moment les tribunaux pourront reconnaître que la publicité exigée par la loi existe et que le délit de diffamation est consommé.

Remarquons néanmoins que le délit ne pourra être poursuivi par la partie lésée que s'il ne constitue pas un acte administratif. Au cas contraire, le principe de la séparation des pouvoirs s'opposerait à ce que les tribunaux ordinaires en connussent, et il ne resterait à l'offensé que la ressource d'une plainte à l'autorité administrative supérieure (1).

On décide en général que les actes extrajudiciaires, lorsque aucune publicité particulière ne leur a été donnée, ne sauraient, au point de vue qui nous occupe, être considérés comme publics. Cela a été ainsi jugé pour les imputations diffamatoires contenues dans un procès-verbal d'offres réelles dressé par un huissier et signifié dans l'étude d'un autre; pour une note distribuée à plusieurs membres d'une juridiction civile appelée à connaître d'un litige; pour des allégations calomnieuses contenues dans une requête destinée à être signifiée

____

(1) Arrêt du Conseil d'État, 17 août 1866.

d'avoué à avoué, et dans d'autres hypothèses encore. — Un testament public qui contiendrait des imputations outrageantes n'entraînerait pas de répression contre son auteur sur les poursuites de l'offensé. Ces actes ne sont pas publics dans le sens de la loi, et malgré leur authenticité, tant qu'ils sont connus seulement des personnes qui ont participé à leur confection, ils demeurent, au point de vue pénal, des actes purement privés. Même solution en ce qui concerne le testament olographe, et, à plus forte raison, le testament mystique. Ne perdons pas de vue cependant qu'ils pourront emprunter aux circonstances une publicité qu'ils n'ont pas naturellement, et, dès lors, attirer sur leurs auteurs la répression de la loi (1).

D'après M. Chassan, lorsqu'une diffamation, une injure ou un outrage se trouvent contenus dans une pétition adressée aux Chambres, la divulgation de cette pétition à la tribune par le rapporteur constitue le délit. Mais il est certain que ce délit doit être imputé seulement à l'auteur de la pétition, et non pas au député ou au sénateur que ses fonctions obligeaient à en faire connaître le contenu.

Un arrêt de la Cour de cassation du 25 janvier 1873 a déclaré que la diffamation peut résulter aussi de la publication d'un arrêté préfectoral renfermant des imputations infamantes à l'égard d'un citoyen.

Notons que les tribunaux devront toujours énoncer dans leurs jugements les faits constitutifs de la publicité, afin de permettre à la Cour régulatrice de surveiller l'application de l'art. 23. Une fausse décision à cet égard n'est pas une erreur de fait, mais une violation de la loi,

(1) Chassan, t. I, p. 423 — Bourges, 14 janvier 1879.

et doit être soumise à la censure de la Cour de cassation. Mais une fois qu'il est établi dans le jugement ou dans l'arrêt que le prévenu a employé l'un des moyens énoncés à l'art. 23, les juges du fait deviennent souverains pour décider s'il y a eu ou non publicité, c'est-à-dire si l'emploi de ces moyens a été ou non suivi d'effet. C'est, du moins, la doctrine qui nous paraît résulter de divers arrêts dont les dispositions pourraient, au premier abord, sembler contradictoires et qui ont, en effet, le tort de s'exprimer souvent d'une manière trop absolue (1).

SECTION II.

De l'injure publique envers les particuliers.

———

§ 1. — *Caractères spéciaux du délit d'injures.*

Il n'existait pas, dans notre ancien droit, de distinction bien tranchée entre la diffamation et l'injure. Même dans le langage juridique, ces deux mots s'employaient indifféremment l'un pour l'autre. Le Code pénal de 1810, pour la première fois, fit cesser cette confusion en attribuant à ces deux délits des caractères différents (art. 367 et suiv.), de telle sorte qu'à partir de ce moment, l'injure et la diffamation ont formé deux délits distincts. Au surplus, l'art. 375 du Code pénal, qui établit l'idée fondamentale de cette division mérite encore d'être cité : « Quant aux injures et aux expressions outrageantes qui ne renfermeraient l'imputation d'aucun fait précis, mais celle d'un

———

(1) Voyez notamment, Orléans, 18 juillet 1835 — Cass., 4 août 1832.

vice déterminé, si elles ont été proférées dans des lieux ou réunions publics, ou insérées dans des écrits imprimés ou non qui auraient été répandus ou distribués, la peine sera d'une amende de seize francs à cinq cents francs. »

Ce texte, il est vrai, a été abrogé par les législateurs de 1819 et de 1881 ; mais la division qu'il indique a survécu, et, de même qu'en 1810, le magistrat chargé d'appliquer la loi doit se garder de confondre aujourd'hui la diffamation avec l'injure publique. Elles présentent toutefois des éléments communs. Ainsi, tout ce que nous avons dit jusqu'ici de l'intention de nuire et de la publicité en matière de diffamation s'applique également au délit d'injure publique. Ce sont là des conditions essentielles à l'existence des deux délits. La différence qui les sépare réside dans un troisième élément sur lequel nous devons nous arrêter quelque temps.

Qu'est-ce donc que l'injure ?

L'art. 13 de la loi du 17 mai 1819 la définissait : « Toute expression outrageante, terme de mépris ou invective qui ne renferme l'imputation d'aucun fait. » — L'art. 29 de la loi de 1881 reproduit la même définition.

Ainsi, le trait caractéristique de la diffamation, comme nous l'avons vu plus haut, c'est qu'elle renferme explicitement ou implicitement l'imputation d'un fait. L'injure, au contraire, n'est qu'une expression outrageante qui n'indique pas à l'auditeur ou au lecteur quel est exactement l'acte reproché à l'offensé. Au point de vue de leur gravité, la différence entre ces deux sortes de délits se remarque sans peine. Une simple offense est le plus souvent mise par le public sur le compte de la passion, l'animosité de qui la commet en est habituellement considérée comme la seule cause. Mais la diffamation est presque toujours recueillie, propagée par des médisants, exploitée par les intéressés : le dommage qu'elle produit en articulant des faits précis est beaucoup plus considérable. On comprend dès lors aisément que le législateur ait édicté contre chacun de ces délits des peines spéciales proportionnées à leur gravité respective.

Ce n'est pas assez d'avoir établi cette première distinction, il nous faut en faire une seconde. C'est qu'en effet, dans l'échelle des criminalités, le délit d'injure occupe, s'il est permis de s'exprimer ainsi, une place intermédiaire entre le délit de diffamation et la simple contravention d'injure. Nous venons d'indiquer rapidement ce qui différencie le délit d'injure du délit de diffamation; il nous reste à faire connaître les caractères qui séparent le délit de la contravention d'injure.

La définition de l'injure, donnée par l'art. 29 de la loi de 1881, est générique et doit s'appliquer tout aussi bien au délit qu'à la contravention. L'injure, en général, est « toute expression outrageante, terme de mépris ou invective qui ne renferme l'imputation d'aucun fait. » Mais quand y a-t-il délit? Quand y a-t-il contravention? A cet égard, le législateur de 1881 a apporté une modification au système de la loi de 1819.

A — Pour constituer le délit d'injure, il fallait naguère, outre l'intention de nuire, 1° l'imputation d'un vice déterminé, 2° la publicité de l'imputation. L'art. 20 de la loi du 17 mai 1819 semblait, à la vérité, n'exiger que l'une ou l'autre de ces deux conditions. Mais il était facile de donner à ce texte sa véritable signification à l'aide de l'art. 376 du Code pénal, toujours en vigueur : « Toutes autres injures ou expressions outrageantes, dit cet article, qui n'auront pas *ce double caractère* de gravité et de pu-

blicité ne donneront lieu qu'à des peines de simple police. »
En présence de cette disposition que la loi de 1819 n'avait
point abrogée, la controverse était impossible et tout le
monde avait admis qu'il ne pouvait y avoir délit d'injure
sans ces deux conditions d'imputation d'un vice déterminé
et de publicité.

Or, que fallait-il entendre par « *vice déterminé?* » Le
législateur n'avait point précisé l'acception de ces mots.
Mais en les rapprochant des termes employés dans la définition de l'art. 13, § 2, on ne pouvait s'empêcher de constater la différence des expressions. L'injure, prise dans un
sens large, c'est une expression outrageante, un terme de
mépris, une invective quelconque. Le délit d'injure, au
contraire, devait, d'après l'art. 20, reposer sur une articulation moins vague; il fallait l'imputation d'un *vice déterminé*. Comme l'a fait observer M. Dalloz, des deux mots
« *vice déterminé,* » le dernier n'ajoutait rien au sens, à
moins qu'il n'eût pour effet d'indiquer que, pour commettre le délit d'injure, il ne suffisait pas de dire d'une
manière générale à quelqu'un : « Vous avez un vice; »
mais qu'il fallait désigner le vice particulier qu'on lui imputait. Quoi qu'il en soit, la grande difficulté, en cette
matière, c'était de savoir ce qu'il fallait entendre par un
vice. L'absence de règle avait causé des erreurs et des
contradictions de la part des tribunaux. Pour montrer
combien était incertaine la jurisprudence même de la Cour
de cassation, qu'il nous soit permis de citer quelques arrêts.

D'après un arrêt du 1er février 1851, l'imputation d'être
un *fripon* adressée à un individu renferme l'imputation
d'un vice déterminé et est par suite de la compétence du
tribunal correctionnel. — Dans un autre procès, au contraire, la Cour suprême avait décidé que l'expression

canaille, et, par exemple, le fait d'avoir dit d'un citoyen :
« Voilà la plus grande canaille de cette ville! » ne contient
l'imputation d'aucun vice déterminé, et ne constitue, par
conséquent, qu'une injure simple et non le délit d'injure (1).

Comment expliquer cette divergence dans les solutions
de deux espèces tout à fait analogues? L'injure ne pré-
sente-t-elle pas la même gravité dans un cas comme dans
l'autre? Dans la pensée de celui qui profère l'imputation,
y a-t-il quelque différence entre la qualification de *canaille*
et celle de *fripon?* Nous ne le croyons pas. Dans un certain langage qui, pour n'être pas académique, n'en est pas
moins généralement compris, dire d'un homme : « C'est
une canaille! » c'est certainement exprimer que cet individu est un homme sans foi, sans honneur, sans probité.
Il eût donc été juste de punir des mêmes peines les auteurs
de deux délits semblables.

Suivant les mêmes principes, ces mots : « Vous êtes un
mauvais citoyen, » ne renfermant pas l'imputation d'un
vice déterminé, rentraient aussi dans la compétence des
tribunaux de simple police (2).

B — L'innovation introduite par la loi du 29 juillet 1881
a mis un terme à ces anomalies. Désormais toutes les
injures *publiques* seront punies des mêmes peines, sans
distinction entre celles qui contiennent l'imputation d'un
vice déterminé et les autres. C'est ce qui est clairement
expliqué dans le passage suivant du rapport de M. Lisbonne : « Nous avons fait disparaître, en fait d'injures,
toutes distinctions entre l'injure qui renferme l'imputation

(1) Cass.; 20 août 1842.
(2) Bordeaux, 13 janvier 1832.

d'un vice déterminé et celle qui ne la renferme pas. La seule différence que nous ayons voulu établir, en fait d'injures, c'est celle résultant de la publicité. » Par conséquent, aujourd'hui, toute expression outrageante, terme de mépris ou invective, qui ne renferme l'imputation d'aucun fait, constituera le délit d'injure, à la seule condition que le propos ait été proféré en public ou que l'écrit incriminé ait été publié.

Au surplus, la notion de l'injure, telle qu'elle nous est présentée par la loi, n'implique pas nécessairement l'idée d'une parole émise. Les dessins, gravures ou emblèmes peuvent aussi constituer l'expression outrageante. Les auteurs cependant ne sont pas d'accord sur cette question :

Les uns, argumentant du mot *invective* (*invectio, vehere in*), soutiennent que dans l'esprit du législateur, l'injure renferme une idée d'emportement qui n'est pas compatible avec le calme des dessins. M. Dalloz, sans trancher expressément la difficulté, paraît hésiter à voir dans un dessin injurieux autre chose que le principe d'une action en dommages-intérêts, lorsque en fait, il y a eu préjudice éprouvé (1).

A notre avis, ces scrupules sont exagérés. Ces mots : « *toute expression outrageante,* » dont se sont servis les rédacteurs de l'art. 29, ont un sens général, et suivant nous, l'expression outrageante peut résulter, non seulement des discours parlés ou écrits, mais encore des dessins, gravures ou emblèmes. C'est pourquoi, lorsque le dessin peut faire supposer une certaine légèreté de mœurs chez la personne représentée, et porter atteinte à sa réputation, l'exposition publique de ce dessin peut constituer le délit d'injure.

(1) Voir, en ce sens, trib. de paix de Marly-le-Roi, 16 février 1870.

Les tribunaux, d'ailleurs, ont un pouvoir souverain pour décider si l'expression incriminée est injurieuse et peut tomber sous l'application de la loi. Rien de plus variable qu'une pareille détermination. Selon les temps et les lieux, tel mot absolument injurieux deviendra sans portée aucune, ou tel mot indifférent prendra une signification outrageante. M. Chassan (1) rapporte à ce sujet, une décision assez curieuse rendue par le tribunal correctionnel de la Seine, en 1842. Le bruit s'était répandu, dans une commune, qu'un individu avait volé et pillé plusieurs maisons à Paris, pendant la révolution de 1830. Le prévenu avait eu le tort d'accoler publiquement au nom de cet homme l'épithète de « *mil huit cent trente.* » Cette appellation, indifférente en elle-même, se rattachait, sans aucun doute, dans l'espèce, à un bruit infamant pour celui qui en était l'objet. L'allusion était évidente : il fut décidé qu'elle constituait le caractère injurieux de l'appellation.

A côté de ces injures qui puisent leur signification offensante dans certaines circonstances particulières auxquelles il faut être complètement initié pour les apprécier, on en rencontrera d'autres si profondément caractérisées qu'elles ne peuvent faire naître le moindre doute. Ainsi, les mots *canaille, polisson, va-nu-pieds, manant,* sont évidemment des injures, bien qu'analysées, ces deux dernières expressions n'aient au fond rien de flétrissant.

Dans tous les cas, les juges doivent se garder de faire de la loi la protectrice de certaines susceptibilités ridicules que la raison condamne, et qui, si on leur laissait le champ libre, rendraient toute vie sociale impossible.

(1) Chassan, t. I, p. 143, à la note.

La Cour de Lyon a jugé dans ce sens que la qualification d'*agent d'affaires* même adressée à un avocat, n'avait rien d'injurieux (1).

Il arrivera parfois que l'injure n'ait pas été directement adressée à la personne qui se porte partie plaignante : les délinquants auront pu avoir recours à mille tours ingénieux dans le but d'éviter la répression. Mais les tribunaux devront, à notre sens, prononcer cette répression toutes les fois que l'intention malveillante sera bien établie, et qu'il n'y aura pas de doute sur la personne visée par l'acte injurieux.

§ 2. — *De la provocation en matière d'injures.*

Les règles que nous avons exposées plus haut sur les conditions de publicité et sur l'élément intentionnel en matière de diffamation, s'appliquent également au délit d'injure.

Une seule différence, que nous avons déjà signalée, nous paraît devoir fixer l'attention. Elle est indiquée par le § 2 de l'art. 33 de la loi du 29 juillet 1881 : « L'injure commise de la même manière envers les particuliers, *lorsqu'elle n'aura pas été précédée de provocation,* sera punie... » Ainsi, *a contrario*, s'il y a eu provocation, le délit est excusable. C'est là une règle nouvelle qui vise uniquement et d'une manière spéciale le délit d'injure publique ; on ne saurait l'étendre au délit de diffamation. Pourquoi cette différence ? M. Lisbonne l'expliquait en ces termes dans son rapport à la Chambre des députés : « Nous avons admis, en matière d'injure commise envers

______

(1) Lyon, 26 août 1886.

les particuliers, l'excuse de la provocation, même alors que l'injure serait publique ; la législation actuelle n'admet cette excuse que lorsque l'injure n'est pas publique (art. 471 du Code pénal). — La publicité de la provocation nous a paru compenser la publicité de l'injure : *Parva delicta mutua compensatione tolluntur.* » Dans l'esprit du législateur, cette espèce de compensation est donc basée sur la nature même de l'injure dont il s'agit ici, sur son peu de gravité, sur les effets seulement passagers et superficiels qu'elle peut produire. — Mais tous les délits commis par la voie de la parole ou de la presse ne se présentent pas dans les mêmes conditions. La diffamation offre évidemment une gravité particulière, elle suppose une intention plus réfléchie, un certain degré de perversité, et cause des blessures plus profondes et plus durables. Voilà pourquoi, sans doute, il eût été dangereux d'admettre pour ce délit l'excuse tirée de la provocation.

Il faut entendre par provocation tout écrit, toute parole, tout geste de nature à nuire à l'honneur, à la considération, à l'amour-propre, aux intérêts moraux ou pécuniaires, ou plus généralement, tout acte que le provocateur n'avait pas le droit de faire vis-à-vis du prévenu. On comprend qu'il y a dans l'appréciation de la provocation une question de fait, et que les tribunaux ne pourront que l'admettre ou la repousser selon les circonstances de la cause. S'il y a incertitude sur celui des deux individus qui a provoqué l'autre par ses injures, il ne peut être prononcé de peine contre aucun ; il y aurait même lieu de casser le jugement qui, dans ce cas, aurait prononcé des peines contre les deux prévenus.

Il résulte des termes employés par l'art. 33, § 2, que la

provocation ne peut jamais faire excuser les injures commises envers un fonctionnaire public ou un agent de l'autorité à raison de ses fonctions.

SECTION III.

De l'injure qui n'est qu'une contravention de police.

Nous n'avons pu pousser, jusqu'au point où nous
sommes parvenu, notre étude de la diffamation et de
l'injure envers les particuliers, sans indiquer à diverses
reprises les caractères généraux de la simple contravention
d'injures et les différences qui la séparent des délits d'injure et de diffamation. Il nous sera donc permis d'être
bref.

Avant la loi du 29 juillet 1881, il fallait considérer
comme des contraventions de simple police :

1° Les injures contenant l'imputation d'un vice déterminé, mais non publiques;

2° Les injures publiques, mais ne contenant pas l'imputation d'un vice déterminé (arg. art. 376 du Code pénal).

En d'autres termes, pour distinguer le délit d'injure
de la simple contravention, il y avait lieu de tenir compte :
1° de la publicité; 2° de la gravité de l'injure.

Aujourd'hui, l'importance de ce second élément a complètement disparu, ainsi que nous l'avons dit plus haut.
On n'a plus à se préoccuper du point de savoir si l'injure
exprime ou non un vice déterminé. Cette circonstance
est désormais indifférente. L'injure a-t-elle été publique?
Là est la question. Si la réponse est affirmative, il y a
délit d'injure, et le tribunal correctionnel seul est compétent pour en connaître. Si la réponse est négative, on

se trouve simplement en présence d'une contravention de police.

Il semblerait, à prendre à la lettre le texte de la loi, que cette division des injures en injures publiques et injures non publiques, en délits et en contraventions, ne puisse s'appliquer à la diffamation. Il n'en est rien, et la jurisprudence est unanime pour décider que la diffamation, c'est-à-dire l'imputation d'un fait portant atteinte à l'honneur ou à la considération d'une personne, à défaut de publicité, n'est qu'une injure passible des peines de simple police. Cette solution d'ailleurs se justifie aisément. Sans doute, la diffamation ne constitue un délit qu'à la condition d'avoir été commise en public; mais si la diffamation, alors qu'elle est privée de ce caractère de publicité, n'est pas plus grave que l'injure non publique, au moins est-il vrai de dire qu'elle n'a pas moins de gravité; sous ce rapport elle ne pouvait demeurer impunie (1).

SECTION IV.

De la publication relative à la vie privée.

A diverses époques, depuis 1819, certains esprits avaient cru s'apercevoir que les lois sur la diffamation et l'injure n'étaient pas suffisantes pour assurer la protection complète de la vie privée. Dès 1827, un projet auquel est demeuré attaché le surnom de *loi de justice et d'amour*, punissait, dans son art. 20, toute publication sur les actes de la vie privée de tout individu vivant ou résidant en France. Cet article avait été voté après de vives dis-

(1) Cass., 10 novembre 1826 — 3 juin 1837 — 23 novembre 1843 — De Grattier, t. I, p. 221.

cussions; mais il disparut bientôt avec le projet de loi tout entier, retiré par suite des événements politiques.

En 1868, la même idée, reprise par M. Émile Ollivier, fut énergiquement appuyée par M. de Guilloutet qui présenta, lors du projet primitif, un amendement auquel il a donné son nom. Enfin la rédaction suivante fut présentée et adoptée définitivement :

« Toute publication dans un écrit périodique relative à un fait de la vie privée constitue une contravention punie d'une amende de 500 fr.

» La poursuite ne pourra être exercée que sur la plainte de la partie intéressée » (art. 11, loi du 11 mai 1868).

Devant le Sénat comme devant la Chambre des députés, cette prohibition nouvelle avait donné lieu à des appréciations diverses. Les uns, sans se dissimuler la gravité du mal que l'on voulait réprimer, combattaient cet article comme dépassant le but, constituant une prohibition facile à éluder et de nature à entraver un genre de littérature éminemment français. « Il est des travers et des vices, disait M. de Sainte-Beuve, qui ne relèvent que du ridicule; c'est un principe du goût, et la loi le méconnaît par cet art. 11. Les lois précédentes sur la diffamation et l'injure suffisaient amplement : ce luxe de législation en telle matière prête lui-même et à bon droit au ridicule. »

Les autres, approuvant complètement cette disposition, la regardaient comme une institution destinée à satisfaire un besoin de protection sociale et à détruire cette exploitation facile et lucrative qui fait marchandise de la vie des gens paisibles et profite des réclames de ceux qui recherchent l'éclat et le bruit. « Le vote de la loi, disait-on, ne fût-il qu'une protestation, serait un service rendu à la dignité publique. Il sera plus, il amènera des résultats qui ne seront ni exagérés ni sans portée ; enfin, il est dès à présent pour la presse périodique un salutaire avertissement. »

Les éléments constitutifs de cette contravention étaient au nombre de deux seulement : 1° la publication dans un écrit périodique ; 2° l'énonciation d'un fait relatif à la vie privée.

Comme il s'agissait d'une contravention, il n'était pas nécessaire qu'il y eût intention criminelle, dans le sens du droit pénal. Le fait était punissable, bien que le prévenu n'eût été animé d'aucun mauvais sentiment et qu'on ne pût lui reprocher que de l'imprudence ou de l'indiscrétion.

Il n'était même pas nécessaire que l'auteur eût été inspiré par la malveillance. Il avait pu vouloir s'attirer les bonnes grâces ou l'amitié de la personne désignée, et lui procurer du crédit, de la notoriété ou de la réputation. Celle-ci n'en était pas moins en droit de faire condamner l'écrivain.

Il n'y avait pas besoin non plus qu'un préjudice eût été causé. L'éloge même le plus profitable pouvait entraîner l'application de la peine, si cette divulgation dans les journaux déplaisait à la personne désignée.

Il n'y avait pas à se préoccuper davantage de la question de savoir dans quel intérêt avait agi l'auteur de l'article. La pénalité pouvait atteindre aussi bien le critique et l'écrivain désintéressé qui cherche uniquement dans la publication de ses articles un délassement et une satisfaction intellectuelle, que le chroniqueur quotidien qui rédige, à tant la ligne, les *faits divers* des petits journaux.

Enfin, le juge n'avait pas à considérer si le fait était

vrai ou faux, si l'auteur en avait exagéré ou dénaturé les détails et les conséquences : la constatation matérielle suffisait pour entraîner la répression.

Pendant une période de douze années, l'art. 11 de la loi du 11 mai 1868 ne donna lieu qu'à de très rares applications. L'expérience justifiait les critiques dont cette disposition avait été l'objet à l'origine, et démontrait clairement aussi qu'elle n'avait pas été assez mûrie avant de passer dans nos lois. C'est donc avec raison que le législateur de 1881 en a prononcé l'abrogation.

CHAPITRE IV

Immunités accordées par la loi.

En ce qui concerne les délits qui peuvent se commettre par les voies de la publication, l'intérêt public a fait établir un certain nombre d'immunités qui doivent fixer pour quelque temps notre attention. Elles se divisent en deux catégories : 1° les unes sont relatives aux discours tenus dans les assemblées politiques; 2° les autres s'appliquent aux discours prononcés et aux écrits produits devant les tribunaux.

SECTION I.

De l'immunité accordée aux membres des assemblées politiques.

« La discussion, disait Royer-Collard à la Chambre des députés, est le moyen de délibération. Si donc les discours tenus dans les Chambres étaient soumis à une action extérieure quelconque, *la délibération des Chambres ne serait pas indépendante.* Or, l'entière et parfaite indépendance des Chambres est la condition de leur existence. C'est pourquoi, c'est un axiome du Gouvernement représentatif que la tribune n'est justiciable que de la Chambre (1). » Le législateur de 1819 avait déjà consacré ce principe (art. 21, loi du 17 mai); celui de 1881 l'a formulé de nouveau dans les termes suivants :

(1) Séance du 20 avril 1819.

« ART. 41. — 1° Ne donneront ouverture à aucune action les discours tenus dans le sein de l'une des deux Chambres, ainsi que les rapports ou toutes autres pièces imprimées par l'ordre de l'une des deux Chambres;

» 2° Ne donnera lieu à aucune action le compte rendu des séances publiques des deux Chambres, fait de bonne foi dans les journaux... »

Ces dispositions ont donc pour but d'assurer la liberté de la tribune et l'indépendance des travaux parlementaires; elles sont d'ordre public au premier chef. Mais le texte étant exceptionnel, il importe de limiter strictement ses applications à sa teneur. Il statue uniquement sur les discours tenus dans le sein des deux Chambres, et, d'une façon générale, sur toutes les pièces imprimées par leur ordre. Ces discours et ces pièces, quels qu'ils soient, ne sont soumis qu'à la juridiction disciplinaire du président. Quant aux discours non prononcés à la tribune, qu'un député ou un sénateur publierait au dehors, ils tomberaient sous l'application du droit commun, et l'assemblée dont il ferait partie pourrait, de ce chef, autoriser des poursuites contre lui. Il faudrait encore exclure de l'immunité de notre article, les diffamations, injures, outrages, qui seraient contenus dans une pétition adressée à l'une des deux Chambres et lue publiquement dans son sein par l'un de ses membres. Mais remarquons que la seule personne responsable des délits contenus dans cet écrit serait son signataire, et non pas le sénateur ou le député qui l'aurait lu à la tribune conformément au règlement ou au désir de ses collègues (1).

Il a été jugé cependant que des allégations blessantes

____

(1) Orléans, 31 mai 1847.

produites à l'appui d'une protestation adressée au Corps législatif contre une élection ne constituent pas une diffamation, si l'inculpé n'a pas eu pour but de diffamer. Mais l'intention malveillante pourrait sembler suffisamment établie si le mémoire avait été répandu dans le public avant d'être discuté au Corps législatif (1).

Est-il nécessaire d'ajouter que les Chambres sont souveraines en ce qui touche à leur règlement, et qu'elles peuvent infliger à leurs membres les peines qu'elles jugent utiles pour le bon ordre des débats?

Le § 2 de l'art. 41 étend l'immunité au compte rendu des séances publiques des Chambres fait de bonne foi dans les journaux. Ce paragraphe est le complément indispensable de la disposition précédente. Il est en effet de l'essence du Gouvernement parlementaire que les débats législatifs reçoivent la plus grande publicité et soient communiqués par la presse aux citoyens dont les intérêts sont en jeu. De là l'immunité accordée à la reproduction par les journaux politiques des délibérations des deux Chambres.

Mais cette immunité ne s'applique pas aux rapports et aux discussions qui ont lieu dans les assemblées départementales, municipales ou d'arrondissement. Là, nous retombons encore sous l'empire du droit commun.

Toutefois, une proposition en sens contraire avait été faite, lors des travaux qui ont précédé la rédaction définitive de la loi du 29 juillet 1881. En effet, au Sénat, M. Demôle, membre de la commission, avait présenté l'amendement suivant :

« Si les discours ou les rapports faits dans le sein d'un

(1) Colmar, 7 juin 1864.

conseil général, d'un conseil d'arrondissement ou d'un conseil municipal, ou encore les délibérations de ces assemblées donnent lieu à une plainte ou à une demande en dommages-intérêts, soit devant la juridiction civile, soit devant les tribunaux de répression, la partie défenderesse pourra exciper, préalablement à toutes défenses au fond, du caractère administratif des discours ou pièces incriminés.

» Sur cette exception, le juge saisi sera tenu de surseoir jusqu'à ce que le tribunal des conflits en ait, à la diligence de l'une ou de l'autre des parties, apprécié le mérite.

» Si le tribunal des conflits déclare l'exception fondée, l'effet de cette décision est de dessaisir le juge devant lequel la plainte a été portée ou l'action introduite.

» Dans le cas contraire, les parties seront renvoyées de plein droit devant cette juridiction pour être suivi et statué ainsi qu'il appartiendra. »

Cet amendement ne fut pas accepté par la commission.

« Le tribunal des conflits est bien haut placé, dit le rapport de M. Pelletan, bien rarement appelé à juger, pour qu'on puisse le saisir, à tout propos, d'une question souvent insignifiante de diffamation ou d'injure.

» Dans la plupart des cas, d'ailleurs, le conseiller général, le conseiller municipal, poursuivi à la requête d'un particulier, s'empressera de soulever le conflit, ne fût-ce que pour traîner le procès en longueur et pour faire tomber la poursuite de lassitude.

» Ce mode de procédure lointaine, dispendieuse, équivaudrait à une véritable immunité. »

Touché par ces considérations, le législateur a préféré laisser au juge ordinaire le soin de décider ce qui pourra constituer, selon les cas, un fait diffamatoire ou l'exercice légitime de la fonction.

SECTION II.

**Des discours tenus et des écrits produits devant
les tribunaux.**

Nous arrivons à une disposition fort importante de la
loi, celle qui concerne les discours prononcés ou les
écrits produits en justice (art. 41, §§ 3, 4 et 5, loi du
29 juillet 1881).

§ 1. — *Notions générales.*

Art. 1er. — *Historique.* — Le législateur devait s'ef-
forcer de concilier la liberté de la défense avec le respect
dû aux actes de la vie privée, d'assurer à chacun la
faculté de faire valoir, pour soutenir ses droits en justice,
toutes les circonstances, toutes les considérations morales
qui militeraient en sa faveur, et d'empêcher, en même
temps, que le temple de la justice ne devînt une arène
ouverte aux passions et à tous les genres de scandale.
De là l'immunité qui doit nous occuper ici, et que nous
trouvons inscrite dans l'art. 41 (§§ 3, 4 et 5) de la loi du
29 juillet 1881, reproduisant, sauf de très légères modifications, l'art. 23 de la loi de 1849.

« Art. 41. — ... 3° Ne donneront lieu à aucune action
en diffamation, injure ou outrage, ni le compte rendu
fidèle fait de bonne foi des débats judiciaires, ni les
discours prononcés ou les écrits produits devant les tribunaux.

» 4° Pourront néanmoins, les juges saisis de la cause et
statuant sur le fond, prononcer la suppression des discours

injurieux, outrageants ou diffamatoires et condamner qui
il appartiendra à des dommages-intérêts. Les juges pourront aussi, dans le même cas, faire des injonctions aux
avocats et officiers ministériels et même les suspendre de
leurs fonctions. La durée de cette suspension ne pourra
excéder deux mois et six mois en cas de récidive dans
l'année.

» 5° Pourront toutefois, les faits diffamatoires étrangers
à la cause, donner ouverture soit à l'action publique, soit
à l'action civile des parties, lorsque ces actions leur auront
été réservées par les tribunaux, et dans tous les cas à
l'action civile des tiers. »

— Le droit romain (1) et nos anciennes ordonnances
royales, tout en assurant la libre défense des parties,
avaient déjà prévu et réprimé jadis les écarts auxquels les
plaideurs et les gens de loi pouvaient se laisser entraîner
devant les tribunaux. L'ordonnance de Charles VII, donnée
en 1453, défend « les paroles injurieuses ou contumé-
lieuses à l'encontre des parties adverses, et d'alléguer ni
proposer aucune chose qui chée en opprobre d'autrui et
qui ne serve et soit nécessaire aux faits de la cause »
(art. 54). Dans le même ordre d'idées, l'art. 40 de l'ordonnance de Villers-Cotterets, rendue par François Ier en 1539,
décide que ceux qui articulent des faits calomnieux dans
leurs écritures et plaidoiries seront condamnés à l'amende.

En expliquant ces textes, un ancien commentateur de
la jurisprudence du Parlement de Bretagne observe qu'il
ne faut pas confondre la liberté avec la licence, et déclare
qu'il est de l'honneur et de la conscience des avocats de
se conformer à la sage et judicieuse ordonnance que les

____

(1) L. 6, § 1, Cod., *de postulando* (liv. 2, tit. 6).

Empereurs leur ont faite en la loi 6, § 1, *de postulando,* au Code : *Ante omnia universi advocati ita præbeant patrocinia jurgantibus, ut non ultra quam litium poscit utilitas, in licentiam conviciandi et maledicendi temeritatem prorumpant; agant quod causa desiderat, temperent se ab injuria. Nam si quis adeo procax fuerit ut, non ratione, sed probris putet esse certandum, opinionis suæ imminutionem patietur; nec enim conniventia commodanda est ut quisquam, negotio derelicto, in adversarii sui contumeliam aut palam peragat, aut subdole* (1).

— A l'époque de la confection de nos Codes, et antérieurement à l'art. 23 de la loi de 1849, quelques règles spéciales avaient été déjà formulées sur ce point. Ainsi l'art. 1036 du Code de procédure civile autorisait les tribunaux à prononcer même d'office, dans les causes dont ils sont saisis, et suivant la gravité des circonstances, des injonctions, des suppressions d'écrits jugés calomnieux, et ordonner l'impression et l'affiche de leurs jugements. D'autre part, aux termes de l'art. 377 du Code pénal, les juges saisis d'une contestation pouvaient, en jugeant la cause, ou prononcer la suppression des injures ou des écrits injurieux, ou faire des injonctions aux auteurs du délit, les suspendre de leurs fonctions, et statuer sur les dommages-intérêts.

La loi de 1849, dans son art. 23 reproduit presque littéralement par l'art. 41 de la loi nouvelle, avait complété les pouvoirs des tribunaux en cette matière.

Art. 2. — *Devant quels tribunaux l'immunité existe-*

---

(1) Mathurin Sauvageau, *les plus solennels Arrêts et Règlements donnés au Parlement de Bretagne,* t. I.

t-elle? — La loi parle *des tribunaux* en général, et dans cette dénomination, elle a entendu comprendre toutes les juridictions. En effet, partout où s'agitent devant des juges des intérêts et des passions contraires, il y a même raison de décider. Les tribunaux devant lesquels le droit de défense reçoit la protection de notre article ne sont donc point certaines juridictions seulement, mais tous les tribunaux, de quelque nature qu'ils soient, et même ceux de la juridiction extraordinaire, comme par exemple les tribunaux militaires et maritimes, les Conseils de préfecture, le Conseil d'État, la Cour des comptes, les justices de paix, les tribunaux de commerce, etc... M. Dalloz va même jusqu'à penser que cette disposition est applicable aux discours prononcés ou écrits produits devant le juge de paix tenant son bureau de conciliation (1).

On a discuté le point de savoir si les arbitres constituent un tribunal, dans le sens de notre texte. L'affirmative a été admise par quelques auteurs. — Elle résulterait, d'après eux, de la généralité des termes de l'art. 41 et des motifs de la loi : les parties n'ont pas moins à se défendre devant les arbitres que devant les tribunaux de droit commun. Le législateur devait dès lors couvrir les débats de la même protection.

— Sans rechercher si cette doctrine est réellement fondée, nous nous bornerons à signaler une circonstance qui enlève à notre question tout son intérêt : c'est que les discussions devant la juridiction arbitrale manquent de l'un des caractères essentiels de la diffamation, la publicité. Par suite, les discours tenus et les écrits produits devant les arbitres ne peuvent, en aucun cas, porter une

(1) Dalloz, v° *Presse*, n° 1176 — *Contra*, Aix, 30 avril 1845.

grave atteinte à l'honneur ou à la réputation des personnes.

Art. 3. — *Au profit de qui est établie l'immunité de l'art. 41?* — L'art. 41 se réfère-t-il uniquement aux discours et plaidoiries des parties, de leurs avocats et de leurs avoués, ou bien la disposition qu'il édicte peut-elle être aussi invoquée par les magistrats que leurs fonctions appellent à parler ou à écrire sur les procès soumis aux tribunaux? L'immunité proclamée par la loi est-elle applicable notamment aux réquisitoires et aux conclusions du ministère public?

Suivant la jurisprudence et la plupart des auteurs, les magistrats jouissent d'une immunité absolue qui reposait, dit-on, sur cette partie finale de l'ancien art. 367 du Code pénal (le texte lui-même a disparu, mais les raisons qui l'avaient inspiré existent toujours dans l'esprit du législateur) : « La présente disposition n'est point applicable aux faits dont la loi autorise la publicité, ni à ceux *que l'auteur de l'imputation était par la nature de ses fonctions ou de ses devoirs, obligé de révéler ou de réprimer.* » Quant aux membres du ministère public, ils sont responsables seulement vis-à-vis de leurs supérieurs hiérarchiques, et c'est non pas sur la plainte des particuliers, mais sur la communication dès juges que leurs excès sont réprimés (1).

Cette opinion ne nous semble pas à l'abri de toute critique. Sans doute, nous reconnaissons qu'une grande latitude doit être accordée à la parole et aux écrits émanés des magistrats dans l'exercice de leurs fonctions; nous ajouterons même que la preuve de la culpabilité de l'in-

(1) Cass., 20 octobre 1835 — Crim. rej., 11 janvier 1851.

tention doit être plus évidente quand le délit est imputé à des magistrats que quand il est imputé à de simples particuliers. Mais il s'agit précisément de savoir jusqu'où s'étend l'exercice légitime du droit en cette matière. Or, il paraît manifeste que lorsque les bornes assignées au ministère public par les exigences de ses fonctions ont été dépassées, lors surtout que l'intention de nuire a dicté des paroles envenimées, le magistrat qui les a prononcées devrait en subir la responsabilité, et il y aurait lieu, suivant nous, d'accorder contre lui à la partie lésée une action en dommages-intérêts ou la prise à partie (art. 1382, C. civ., et 505, C. proc. civ.).

§ 2. — Du compte rendu des débats judiciaires.

Aux termes de l'art. 41, § 3, le compte rendu fidèle, fait de bonne foi, des débats judiciaires, ne donne lieu à aucune action en diffamation, injure ou outrage. Il résulte de ce texte qu'une double condition est nécessaire pour que l'immunité soit accordée.

1° Il faut que le compte rendu soit *fidèle*, c'est-à-dire exact, impartial, donnant les arguments pour ou contre. S'il s'agit, par exemple, de procès criminels, le compte rendu, pour être fidèle, doit relater les faits favorables à l'accusation comme ceux favorables à la défense.

2° Le compte rendu doit être fait de *bonne foi*; cela ne veut pas dire qu'il doit être exact, mais seulement que les inexactitudes, s'il en existe, ne doivent pas être voulues, calculées dans l'intention de nuire à quelqu'un en trompant le public.

— Cependant l'art. 39 de notre loi apporte à ce § 3 de l'art. 41 une restriction notable que nous devons faire

connaître. L'art. 39 interdit de rendre compte des procès
en diffamation où la preuve des faits diffamatoires n'est
pas autorisée. En pareil cas, la plainte seule peut être
publiée par le plaignant. Et ce texte ajoute que dans toute
affaire civile, les cours et tribunaux pourront interdire le
compte rendu du procès. Le législateur défend aussi, dans
le même article, de rendre compte des délibérations inté-
rieures, soit des juges, soit des cours et tribunaux. Toute
infraction à ces dispositions serait punie d'une amende
de 100 fr. à 2,000 fr.

Mais ces interdictions ne s'appliquent pas aux jugements
qui peuvent toujours être publiés (1).

§ 3. — *Discours et écrits relatifs à la cause.*

ART. 1ᵉʳ. — *Sous quelles conditions s'applique l'immunité de l'art. 41?* — Si la grande indulgence accordée
aux écarts de la défense repose sur ce motif qu'ils sont
souvent l'effet d'un entraînement ou d'une préoccupation
qui a sa source dans une prétention fort légitime, on s'explique aisément les deux conditions que la loi a posées
à l'application de l'immunité dont il s'agit. Il faut, en effet :
1° que les écrits ou les discours soient produits ou prononcés devant les tribunaux ; 2° qu'ils soient relatifs à la
cause. Si des paroles ou des écrits n'avaient pas ce double
caractère, ils ne rentreraient point dans les termes de
l'art. 41, et ils donneraient lieu à l'action par les voies ordinaires.

I. — *Les discours* ne peuvent être considérés comme
tenus devant les tribunaux que lorsqu'ils sont proférés

____

(1) Cf. art. 11, loi du 27 juillet 1849, et 17, § 2, loi du 17 février 1852.

en présence des juges, parce que c'est dans ce cas seulement qu'ils se rattachent à la défense des parties. Je prends une espéce sur laquelle la jurisprudence a été appelée à statuer. Un plaideur profère des injures contre son adversaire dans la salle d'audience, en présence du barreau et du public, mais à un moment où les juges sont en délibéré. La Cour de cassation a décidé que ces injures ne peuvent être comprises dans les discours et plaidoyers à l'égard desquels la loi a établi une exception, et que par suite il y a lieu d'en poursuivre la réparation d'après les règles ordinaires (1). A plus forte raison faudrait-il admettre la même doctrine, si l'expression outrageante contre l'une des parties avait été prononcée après la décision du juge ou même en dehors de l'audience (2).

La loi couvre également de sa protection *les écrits produits devant les tribunaux*, c'est-à-dire tous les écrits, imprimés ou non, que les besoins de la défense, que les usages du barreau font éclore et que l'on place sous les yeux des magistrats, suivant les modes de production qui ont été adoptés. Mais il a été décidé à bon droit que celui qui publie dans les journaux un article relatif à un procès qu'il a soutenu, peut être poursuivi à raison des faits contenus dans cette publication et que l'article dont il s'agit ne peut être considéré comme un discours prononcé ou un mémoire produit pour sa défense, contre lequel toute action en diffamation serait interdite (3). Le but que s'est proposé le législateur fait d'ailleurs comprendre dans quelles limites doit être renfermée la distribution d'un écrit pour qu'il ait droit de jouir de l'immunité. C'est par

(1) Crim. rej., 19 novembre 1829.
(2) Cass., 7 juillet 1827 — Grenoble, 9 mai 1834.
(3) Cass., 25 juin 1831.

une juste appréciation de ces limites qu'il a été jugé que
la disposition de notre article est une disposition exceptionnelle qui doit être restreinte dans l'intérêt de la défense
légitime des parties, en ce sens que si un mémoire produit
en justice a été distribué, sans utilité pour la cause, à
d'autres personnes qu'aux juges, l'auteur du mémoire ne
pourra pas invoquer le bénéfice de cet article (1).

II — Quels sont les discours ou les écrits réputés *relatifs à la cause?* Ce sont tous ceux qui signalent des faits ou
renferment des arguments tendant à justifier les conclusions
de la partie qui les invoque. Ceux que l'on ne peut ranger
dans cette catégorie doivent être réputés *étrangers à la
cause.* Lorsque, par exemple, il s'agit dans le procès d'un fait
d'usure qui ne serait pas complètement établi, et que, dans
le but de le rendre vraisemblable, on invoque d'autres faits
de même nature qui se trouveraient judiciairement constatés, on devra considérer ces dernières imputations comme
relatives à la cause. — Mais si, au contraire, dans une instance en nullité de testament pour vice de forme, l'une des
parties reprochait à l'autre un vol ou une escroquerie, il
est manifeste que de tels faits n'ont aucun rapport avec
l'objet de la contestation et que, dès lors, ils doivent être
traités comme étrangers à la cause.

Au surplus, c'est là, on le conçoit, une question d'appréciation assez délicate, en ce que toutes les imputations
qui tendent à jeter de la défaveur sur un adversaire, ont
pour but et souvent pour effet de disposer les juges à rejeter ses prétentions. Jusqu'à quel point cette tactique
est-elle permise? Il est à peu près impossible de poser à
cet égard une règle certaine.

____

(1) Cass., 14 mars 1874 — Cf. M. Grellet-Dumazeau, t. II, pp. 196 et 197.

ART. 2. — *Des modes de réparation autorisés par la loi.* — Après avoir dénié l'action en diffamation ou en injure à raison des discours prononcés ou des écrits produits devant les tribunaux, la loi ne pouvait cependant refuser à la partie outragée toute réparation. Aussi a-t-elle autorisé le juge : 1° à prononcer, en sa faveur, la suppression des écrits injurieux ou diffamatoires ; 2° à condamner le délinquant en des dommages-intérêts ; 3° à faire des injonctions aux avocats et aux officiers ministériels, et à les suspendre de leurs fonctions.

I — *Suppression des écrits.* — Les tribunaux peuvent ordonner la suppression *de tous les écrits injurieux ou diffamatoires* produits devant eux, sans distinction entre les écrits relatifs à la cause et ceux qui y sont étrangers. C'est ce qui résulte de l'économie de l'art. 41 que nous avons déja cité. On voit, en effet, dans les trois premiers paragraphes de cet article que le législateur dispose d'une manière générale, *pour tous les écrits,* et que ce n'est que dans le § 4 qu'il est dit : « Pourront toutefois *les faits diffamatoires étrangers à la cause* donner ouverture soit à l'action publique, soit à l'action civile des tiers lorsque... » Là seulement commence la distinction. Quant aux trois premières dispositions qui concernent la suppression des écrits et les peines disciplinaires, elles s'appliquent aux écrits relatifs au procès de même qu'à ceux qui y sont étrangers, aux écrits concernant les parties en cause, de même qu'à ceux qui offensent les tiers (1).

Lorsque des conclusions déposées par des parties sont injurieuses pour les juges ou pour le ministère public, les tribunaux peuvent soit en ordonner purement et simple-

(1) Grenoble, 28 janvier 1832.

ment la suppression, soit frapper en outre leurs auteurs des peines de l'art. 222 du Code pénal.

La suppression est prononcée par les juges, tantôt d'office, tantôt sur les réquisitions du ministère public. Mais il n'est pas nécessaire pour cela qu'il y ait également des conclusions prises en ce sens par la partie lésée. Il s'agit en effet, dans ce cas, d'une mesure d'ordre public dont l'exécution importe à la bonne administration de la justice et ne doit pas être soumise à la condition d'une plainte de la part des particuliers. « Les tribunaux, dit à cet effet M. Chassan, ont la police de leur audience. Ils sont revêtus d'un pouvoir coercitif pour se faire respecter et pour maintenir l'ordre et la décence dans le lieu de leur réunion. *Cui jurisdictio data est, ea quoque concessa esse videntur sine quibus jurisdictio explicari non poterit* (1). L'exercice de ce pouvoir n'a pas besoin dès lors d'être provoqué. Ils peuvent et doivent en user quand ils le jugent nécessaire. Or, il est évident qu'une discussion judiciaire qui dégénère en injures et qui repose sur des diffamations que la défense ne nécessite pas, est un scandale public que les magistrats ne peuvent tolérer sans se manquer à eux-mêmes (2). »

Une partie est-elle fondée à réclamer la suppression d'écrits injurieux à son égard, lorsqu'elle-même s'est servie dans les pièces par elle produites d'expressions injurieuses envers son adversaire? La Cour de Rennes, dans un vieil arrêt de 1812, a décidé la négative; mais nous ne saurions approuver cette solution. Il nous semble que la majesté de la justice et la dignité des débats se

(1) L. 2, Dig., *de Jurisd.* (lib. 2, tit. 1).
(2) Chassan, t. I, p. 87 — Rennes, 12 juin 1834.

troúvent doublement atteintes par de pareils faits, et que la répression ne doit pas disparaître, par la raison qu'il y a deux délinquants. Dans ce cas, les tribunaux devraient refuser tous dommages-intérêts à l'une comme à l'autre des parties et se borner à appliquer les peines de l'art. 44 de la loi du 29 juillet 1881 et celles de l'art. 1036 du Code de procédure civile.

La suppression des écrits consistera la plupart du temps à les retirer simplement du procès. Quelquefois cependant il y aura lieu d'ordonner la radiation de certains passages ou même la destruction matérielle du mémoire. En cette matière, les juges sont souverains; ils font ce qu'ils croient le plus utile à la partie plaignante et pour le mieux des intérêts de la justice. Il y a là une décision de fait non soumise par conséquent à la censure de la Cour de cassation.

Nous pensons, avec M. Chassan, que la seule suppression des écrits, simple et isolée, sans dommages-intérêts, sans condamnation pécuniaire et sans peines disciplinaires ou autres, ne peut donner ouverture à l'appel. « Cette suppression, dit-il, n'est pas une peine; il n'y a dans cet acte qu'une simple censure morale qui frappe plus l'écrit que son rédacteur. Mais l'appel, quant au principal, donne ouverture à l'appel en ce qui concerne la suppression, accessoire du principal (1). »

— L'art. 1036 du Code de procédure civile dispose que les tribunaux pourront ordonner l'impression et l'affiche de leurs jugements. Ce droit, dont les tribunaux usent assez fréquemment, est une véritable peine pour la partie

____

(1) Chassan, t. II, p. 555 — Rennes, 18 juillet 1820 — *Contra*, de Grattier, t. I, p. 241.

au détriment de laquelle il s'exerce. En notre matière, c'est-à-dire lorsqu'il s'agit d'écrits diffamatoires ou calomnieux produits au cours de débats judiciaires, et ayant eu un certain caractère de publicité, une pareille mesure sera des plus efficaces pour réparer le tort causé à la partie outragée. Celle-ci pourra donc, dans des conclusions déposées par elle, réclamer l'impression et l'affiche du jugement ou de l'arrêt intervenu ou à intervenir, et le tribunal ou la Cour auront à décider s'il convient de faire droit à sa demande.

L'impression et l'affiche peuvent aussi être ordonnées d'office et sans que la partie injuriée ait pris des conclusions à cet égard. Nous rappelons ici ce que nous avons déjà dit au sujet de la suppression des écrits : ces mesures qui ont pour objet autant de sauvegarder le respect dû à la justice que l'honneur des particuliers, peuvent toujours, contrairement à ce qui a lieu pour la condamnation à des dommages-intérêts, être prises sans l'assentiment et contre le gré même des personnes offensées.

II. — *Dommages-intérêts.* — La suppression des écrits injurieux ou diffamatoires est une peine; mais c'est surtout, comme le dit M. Chassan, « une censure morale, » insuffisante, dans la plupart des cas, à donner satisfaction à l'intérêt de la partie lésée. Cette peine, d'ailleurs, est absolument inapplicable lorsque les tribunaux ont à sévir, non pas contre des écrits, mais contre des discours diffamatoires. Aussi, afin d'assurer une réparation vraiment utile, l'art. 44 de la loi du 29 juillet 1881 permet aux juges de prononcer des dommages-intérêts.

Cette condamnation peut être prononcée *contre qui il appartiendra,* dit notre texte. La généralité de ces expressions embrasse non seulement les parties, mais encore les avoués, les avocats. Ils peuvent être, les uns comme les autres, condamnés à des dommages-intérêts même pour des imputations relatives à la cause, lorsque, sans nécessité, ils s'écartent de la modération que la bienséance et les devoirs de leur profession leur imposent. Vainement, en pareil cas, les avocats et les avoués penseraient-ils pouvoir trouver leur justification dans le mandat de leur client : la loi ne reconnaît pas le mandat d'injurier. Ils sont les premiers juges de l'affaire confiée à leurs lumières et à leur conscience. Ils doivent rejeter de la cause tout ce qui lui est étranger, refuser de servir d'organe aux passions des parties et avertir leurs clients des dangers de la diffamation. Dès lors, s'ils se sont permis l'outrage, ils doivent en supporter les conséquences comme la partie qui se serait rendue leur complice. « *Si mandato meo, alicui facta sit injuria, plerique aiunt tam me qui mandavi, quam eum qui suscepit, injuriarum teneri* (1). » — Mais par un juste retour, les avocats ou les avoués contre lesquels seraient tenus des discours ou produits des écrits diffamatoires, ont le droit de réclamer des dommages-intérêts contre les auteurs du délit.

La réparation civile est également due au témoin et à l'expert, s'il est appelé à l'audience. Les raisons de décider sont les mêmes. L'art. 319 du Code d'instruction criminelle donne, à la vérité, à l'accusé et à son conseil, le droit de dire, tant contre le témoin que contre son témoignage, tout ce qui pourra être utile à la défense. Mais il est évident que cet article n'a entendu parler que de la défense réelle et légitime, et qu'il n'a point voulu autoriser les injures ou diffamations en plaidant ou en

---

(1) L. 11, § 3, Dig., *de Injur. et lib. fam.* (lib. 47, tit. 10).

écrivant des faits inutiles à la défense. Si l'injure et la diffamation étaient un droit acquis à l'accusé contre les témoins, la dignité de la justice en serait compromise, et les témoins pourraient hésiter à rendre hommage à la vérité.

Au surplus, il convient d'observer que la réparation civile que peut demander la partie lésée n'est pour elle que l'exercice d'une faculté à laquelle il lui est loisible de renoncer et à laquelle elle est même censée renoncer si elle n'a pris des conclusions formelles. Le juge commettrait un excès de pouvoir et jugerait *ultra petita*, en suppléant au silence de la partie et en prononçant d'office ou sur le réquisitoire du ministère public des dommages-intérêts. Il en est autrement, avons-nous dit plus haut, de la suppression des écrits.

III — *Des injonctions aux avocats et avoués et des peines disciplinaires.* — Indépendamment de la suppression des écrits diffamatoires ou injurieux, indépendamment des réparations civiles que la partie peut demander et obtenir dans son intérêt privé, le tribunal, afin de maintenir le respect dû à la justice, est autorisé à prononcer accessoirement au litige dont il est saisi, des peines disciplinaires.

D'après l'art. 41 de la loi du 29 juillet 1881, ces peines disciplinaires sont des *injonctions* aux avocats et aux officiers ministériels, et la *suspension* de leurs fonctions. Sous l'empire des lois de 1819, la suspension ne pouvait excéder six mois pour la première infraction ; en cas de récidive, elle devait être d'un an au moins et de cinq ans au plus. Le législateur de 1881 s'est montré moins sévère à cet égard : la durée de la suspension pour une première faute ne peut excéder deux mois, et, en cas de récidive *dans l'année*, elle est de six mois au plus.

Notons bien que les infractions commises par les avocats et officiers ministériels, et dont s'occupe notre article, ne sont que les injures et les diffamations envers les parties en cause, et non les autres délits ou même les crimes qui pourraient être commis par eux et entraîner contre leurs auteurs une répression beaucoup plus sévère (1).

Il est d'ailleurs évident que la loi n'a point entendu donner ici aux tribunaux une juridiction générale et absolue qui devrait s'étendre au delà des limites de leur ressort. L'injonction ou la suspension ne pourrait produire d'effet que dans le ressort du tribunal qui l'a prononcée. On doit en conclure que les tribunaux devant lesquels le ministère des avocats et avoués n'est pas exigé, sont incompétents pour appliquer l'art. 41. Ces juridictions ne peuvent avoir de pouvoir disciplinaire proprement dit sur des compagnies qui sont censées leur être étrangères et dont les membres ne sont, au fond, devant elles, que de simples citoyens, plus capables et plus éclairés, si l'on veut, mais non revêtus d'un caractère spécial. Cependant, comme elles ont la police de leurs audiences, il faudrait leur reconnaître le droit d'en écarter l'avocat qui, par les diffamations qu'il se permettrait envers la partie, en compromettrait la bonne tenue et la dignité.

La Cour de cassation est allée plus loin : par un arrêt du 23 avril 1850, elle a décidé que les juges de paix ont le droit de réprimer, par une peine disciplinaire, les fautes commises par un avocat à leur audience. — La doctrine contraire qui nous paraît seule admissible est soutenue par M. Grellet-Dumazeau et par la majorité des auteurs.

(1) Cass., 25 janvier 1834.

Nous pensons, avec M. de Grattier, que l'appréciation des faits qui peuvent motiver contre un avocat une peine de discipline, appartient exclusivement aux juges de la cause, et que cette appréciation échappe à la censure de la Cour de cassation. Il y a là, en effet, une question de pur fait que le bon sens et l'observation des juges présents au moment de l'infraction suffisent à résoudre, et à la solution de laquelle la Cour régulatrice n'a pas à participer (1).

Quelles sont les voies de recours autorisées contre les décisions qui appliquent les peines de discipline portées par le § 4 de l'art. 41? L'art. 103 du décret du 30 mars 1808, toujours en vigueur, n'admet, en cette matière, l'appel et le pourvoi en cassation que dans le cas où la suspension, et *a fortiori* la radiation résulteraient d'une condamnation prononcée en jugement. En dehors de ces cas, c'est-à-dire s'il s'agit d'injonctions, d'avertissements ou de réprimandes, la seule voie de recours ouverte à l'avocat ou à l'officier ministériel, est la réclamation adressée au garde des sceaux qui statue souverainement.

§ 4. — *Discours et écrits diffamatoires étrangers à la cause.*

ART. 1er. — *Droits des parties en cause.* — Sont réputés étrangers à la cause tous discours et écrits qui ne tendent pas à justifier les conclusions des parties.

Nous venons de parler longuement des faits qui se rapportent au débat et nous avons vu qu'en ce qui les concerne, il ne saurait être question de réserves de la

(1) Cass., 7 avril 1860.

part de la partie adverse. La loi, au moyen de ses dispositions relatives à la suppression des écrits, aux dommages-intérêts et à la répression disciplinaire, a puni tous les écarts qui pourraient avoir lieu. Mais cette répression serait souvent insuffisante quand il s'agirait de faits diffamatoires étrangers à la cause. Il fallait alors RÉSERVER dans ses droits la partie qui n'avait pas pu ou n'avait pas cru devoir demander à son profit une condamnation à des dommages-intérêts. Il devenait encore nécessaire de ne pas prohiber d'une manière absolue, comme le fait le § 3 de l'art. 41, l'exercice de l'action publique. C'est pour satisfaire à ces exigences que les rédacteurs de l'art. 41 ont inséré dans le § 5 la disposition suivante : « Pourront toutefois les faits diffamatoires étrangers à la cause donner ouverture soit à l'action publique, soit à l'action civile des parties, lorsque ces actions leur auront été *réservées* par les tribunaux... (1). »

Ainsi il résulte de notre texte qu'à l'égard des faits étrangers à la cause, la loi place les juges dans une alternative. Ils peuvent soit réprimer immédiatement l'écart en frappant celui qui l'a commis de peines disciplinaires ou même en le condamnant à des dommages-intérêts envers l'adversaire offensé; soit réserver au profit de ce dernier l'action qui lui compète pour qu'il la suive plus tard devant la juridiction ordinaire. Ces réserves faisant défaut, le diffamé se trouverait désarmé, car sa partie pourrait lui répondre : « Mes allégations ou imputations n'avaient rien de répréhensible puisqu'elles n'ont soulevé aucune observation de la part des juges devant lesquels

---

(1) Quant aux tiers, le § 5 décide qu'ils auront, *dans tous les cas*, la voie civile pour se pourvoir. Aucune réserve n'est nécessaire pour qu'ils puissent agir.

elles se sont produites. Il y a chose jugée en ma faveur. Comment d'ailleurs pourriez-vous m'intenter une action quelconque sur des plaidoyers prétendus diffamatoires, dont il n'est en définitive resté aucune trace? »

Il faut donc que des réserves aient été faites expressément pour que la partie offensée puisse suivre son action devant la juridiction ordinaire. « Ces réserves, dit M. Mangin, dans son *Traité de l'action publique*, les juges ont toute faculté pour les accorder ou les refuser; elles doivent émaner du tribunal lui-même, et elles n'auraient aucune valeur si elles n'avaient été faites que par le ministère public ou par la partie. Mais l'attention doit se fixer sur ce qu'elles doivent contenir pour être efficaces. Or, 1° elles doivent être *expresses;* il ne suffit pas que le juge déclare qu'il y a eu imputation de faits diffamatoires étrangers à la cause, car ce n'est là que la manifestation d'une opinion, une appréciation morale qui ne peut conférer aucun droit à la partie en faveur de qui elle est faite. Il faut de plus que le juge dise qu'il y a lieu à l'action en diffamation, et lève ainsi la suspension dont la loi frappait cette action. — 2° Il ne suffit pas que l'action ait été réservée expressément, il faut encore que le juge *précise les faits* contre lesquels elle est ouverte, et elle est nécessairement bornée à ces faits; il faut qu'il déclare que les faits sont *diffamatoires;* il faut qu'il déclare qu'ils sont *étrangers* à la cause, car une réserve qui ne serait pas fondée sur ces appréciations manquerait de base légale, la loi n'ayant permis l'action en diffamation que contre les faits diffamatoires étrangers à la cause. »

A un autre point de vue, le § 5 de l'art. 41 a restitué, pour les faits étrangers à la cause, l'action publique dans les termes où elle s'exerce ordinairement en matière de diffamation. Mais la réserve exigée par notre texte est-elle nécessaire pour l'action publique aussi bien que pour l'action privée?

La rédaction du dernier paragraphe de l'art. 23 de la loi du 17 mai 1819 avait donné lieu, sur ce point, à une difficulté. Cette disposition était ainsi conçue : « Pourront, toutefois, les faits diffamatoires étrangers à la cause, donner ouverture, soit à l'action publique, soit à l'action civile des parties, lorsqu'ELLE LEUR aura été réservée par les tribunaux, et, dans tous les cas, à l'action civile des tiers. » Suivant le sens grammatical de cette phrase, il semble que la nécessité de la réserve ne s'applique qu'à l'action des parties. Cette opinion avait été soutenue énergiquement par divers auteurs qui cherchaient à fortifier l'argument tiré du texte même de la loi par une raison fondée sur les principes : sans doute, en cette matière, disait-on, le ministère public, à défaut de plainte, ne peut pas mettre l'action publique en mouvement; mais l'action en dommages-intérêts et le droit de porter plainte sont essentiellement distincts, et la plainte, une fois portée, doit suivre son cours selon le droit commun, alors même que la personne lésée ne pourrait se porter partie civile, parce que des réserves ne lui auraient pas été accordées à cet égard par le tribunal devant lequel la diffamation pour faits étrangers à la cause aurait été commise (1).

Cette doctrine n'avait point prévalu, et l'on décidait généralement qu'en l'absence de réserves formelles, il n'y avait point d'action, ni civile, ni publique. Comment,

______

(1) De Grattier, t. I, p. 259 et suiv. — Grellet-Dumazeau, t. II, p. 207.

en effet, comprendre qu'il soit entré dans la pensée du législateur d'ouvrir l'action publique indéfiniment et de soumettre, au contraire, à des entraves l'exercice de l'action civile, dans une matière où le ministère public né peut poursuivre que sur la plainte de la partie offensée, parce que le délit tire toute sa gravité du dommage que cette partie a éprouvé dans son honneur, dans sa réputation? Si des réserves ne lui ont pas été accordées, elle a perdu le libre exercice de son droit. A quel titre donc le ministère public poursuivrait-il lorsque la partie offensée n'a plus d'action? Dans un pur intérêt d'ordre général, évidemment, et parce que les diffamations commises constituaient une irrévérence à l'endroit des magistrats. Mais si ces magistrats eux-mêmes n'ont pas cru qu'il y eût lieu à sévir, ni même à assurer le recours du diffamé, de quel droit et dans quel intérêt le ministère public se montrerait-il plus susceptible qu'eux?

Aujourd'hui d'ailleurs la controverse n'est plus possible. Le législateur de 1881, en corrigeant la rédaction vicieuse du § 4 de l'art. 23 de la loi de 1819, a montré clairement que des réserves sont nécessaires pour l'action publique aussi bien que pour l'action civile. « Pourront toutefois, dit le § 5 de l'art. 41, les faits diffamatoires étrangers à la cause, donner ouverture, soit à l'action publique, soit à l'action civile des parties, lorsque *ces actions* leur auront été réservées... »

ART. 2. — *Droits des tiers*. — Quels sont les droits des tiers diffamés au cours d'un procès? « Pourront toutefois, les faits diffamatoires étrangers à la cause, donner ouverture..., dans tous les cas, à l'action civile des tiers. » Telle est la disposition de la loi. Avant d'examiner les difficultés auxquelles elle a donné lieu, nous croyons devoir indiquer brièvement quelles sont les personnes qu'il faut considérer comme des *tiers*. La loi ne nous donnant sur ce point aucune explication, nous sommes obligé de chercher nos règles dans la jurisprudence ou de les poser par interprétation, en nous inspirant des principes généraux. Le plus simple, pour résoudre notre question, est de la renverser en nous demandant quelles personnes sont parties à la cause. Ces personnes énumérées, et l'énumération ne sera pas longue, toutes les autres devront être considérées comme des tiers.

Sont parties au procès : 1° le demandeur et le défendeur; 2° leurs avocats; 3° leurs avoués ou agréés occupant dans l'instance; 4° enfin les témoins. Cependant on a soulevé au sujet de ces derniers quelques objections. Il a paru difficile de comprendre sous le nom de *parties* des personnes qui n'ayant presque jamais d'intérêt direct au litige, remplissent pour éclairer la justice ou pour secourir un plaideur un devoir civique ou un bon office. Toutefois, la jurisprudence n'a pas reculé devant une pareille anomalie et elle a formellement exclu les témoins de la catégorie des personnes que notre article désigne sous la qualification de tiers (1).

Mais il convient d'observer à cet égard que d'après une opinion générale, le témoin n'est assimilé aux parties et tenu de réclamer des réserves pour conserver son action que s'il est présent. Dans le cas contraire, par exemple, dans un procès civil, lorsque l'enquête a été faite devant un juge commissaire, on ne pourrait lui opposer une fin de non-recevoir tirée de son silence, s'il venait à demander réparation d'injures commises contre lui à l'audience par

(1) Cass., 6 novembre 1823 — Nîmes, 27 mai 1841.

l'une des parties. Sans doute, le tribunal peut toujours réprimer, séance tenante, tous les outrages qui sont relatifs aux faits de la cause; mais à l'égard des faits étrangers, et c'est de ces faits que nous parlons uniquement ici, le témoin absent se trouve dans la même position qu'un tiers et doit être considéré comme tel. Il a donc le droit d'exercer, dans tous les cas, son action civile, en vertu du dernier paragraphe de l'art. 41 de la loi du 29 juillet 1881, encore qu'elle ne lui ait pas été réservée. Un témoin dont le témoignage et la moralité ont été appréciés d'une façon injurieuse, dans une plaidoirie imprimée et publiée à titre de mémoire, a le droit d'intervenir à la cause pour demander la suppression, soit des passages injurieux, soit du mémoire tout entier. C'est ce qu'a jugé la Cour de Grenoble, le 1er juin 1865. La Cour ajoute que lorsque l'auteur du mémoire a reconnu ses torts et offert de faire disparaître les passages injurieux de l'écrit incriminé, une pareille rétractation doit être considérée comme suffisante et toute autre réparation refusée comme excessive.

Il est bon de se souvenir toujours que le témoin outragé à l'audience et pendant qu'il dépose, doit obtenir réparation à l'instant même ou, au moins, se faire accorder des réserves par le magistrat. S'il n'agit pas ainsi, ou si même demandant des réserves, il ne les obtient pas, on doit supposer que l'outrage était commandé par les nécessités de la défense. Dès lors, le témoin n'est plus recevable à former plus tard, et devant une autre juridiction, une action en diffamation à raison de l'outrage dont il prétendrait avoir été l'objet. Par le fait qu'il n'a pas réclamé immédiatement ou que, sur sa réclamation, des réserves ne lui ont pas été accordées, le témoin doit être considéré comme dépouillé de toute action. Les faits sont censés relatifs à la cause, et si les magistrats saisis n'ont pas sévi contre eux, c'est qu'ils ne les ont pas trouvés répréhensibles.

— Analysons maintenant la disposition contenue dans le § 5 de l'art. 41. Dès la première lecture, une observation se présente à l'esprit : c'est que ce texte s'occupe uniquement des faits *diffamatoires étrangers* à la cause. Les injures sont donc exclues de ses prévisions, ainsi que les faits diffamatoires pouvant se rapporter au procès. Ces limites étant posées, diverses questions nous restent à résoudre.

I — Dans quelles conditions s'exercera l'action civile des tiers? Il est évident que les tiers ne devaient point être soumis aux mêmes règles que les parties en cause relativement à la réserve de l'action en diffamation. Étrangers à l'instance, ils ne peuvent y prendre des conclusions. Presque toujours, d'ailleurs, absents au moment des débats, ils se trouvent dans l'impossibilité de réclamer ou de protester contre les discours qui tendent à flétrir leur réputation. Aussi le § 5 de l'art. 41 porte-t-il que, *dans tous les cas*, les faits diffamatoires donneront lieu à l'action civile des tiers; c'est-à-dire, soit qu'elle ait été réservée, soit qu'elle ne l'ait pas été (1).

II — Les diffamations étrangères à la cause commises envers un tiers donnent-elles lieu non seulement à l'action civile de la partie offensée, mais encore à l'action publique? — A ne consulter que la rédaction littérale du § 5, il semblerait que l'action publique ne pût être exercée que pour les faits diffamatoires intéressant les *parties* au procès, et ce, à la condition que des réserves eussent été

______

(1) Cass., 7 novembre 1834 — 21 février 1838 — Riom, 20 décembre 1826.

accordées par le tribunal. Mais cette interprétation nous paraît inadmissible. Le législateur a évidemment voulu que l'action publique pût être exercée aussi contre la diffamation envers les tiers. Il l'a voulu avec d'autant plus de raison qu'il l'avait déjà ouverte pour la diffamation envers les parties en cause, et que les tiers désintéressés au procès, non seulement doivent être traités par cela seul avec plus de faveur, mais que leur absence les expose sans défense aux traits du diffamateur. Il suffit, d'ailleurs, pour dissiper tous les doutes à cet égard de se reporter à l'origine de la rédaction de notre article, lors des travaux préparatoires des lois de 1819. Le projet portait simplement : « Pourront toutefois les faits diffamatoires non pertinents ou étrangers à la cause donner ouverture, soit à l'action publique, soit à l'action civile des tiers. » Ainsi, pour ce qui concernait les tiers, on entendait leur accorder les deux actions publique et civile. Cela ne faisait aucune difficulté. La rédaction de l'alinéa fut modifiée ensuite (1); on voulut, relativement aux faits diffamatoires imputés aux parties, introduire la théorie des réserves pour le cas où ces diffamations porteraient sur des choses étrangères au procès. Mais quant aux tiers, on s'en est tenu toujours à l'idée primitive. Il en résulte que nous devons considérer le dernier alinéa de notre article comme rédigé ainsi : Pourront les faits diffamatoires étrangers à la cause et relatifs à des tiers donner ouverture à l'action civile de ces tiers et à l'action publique. C'est là en effet le sens véritable du texte.

Cette action des tiers dont nous parlons a ceci de parti-

(1) Voyez l'art. 23, § 4, loi du 17 mai 1819, et l'art. 41, § 5, loi du 29 juillet 1881.

culier, et diffère de celle qui est accordée aux parties en cause à ce point de vue qu'elle est indépendante de toutes réserves et peut être intentée immédiatement après l'imputation des faits diffamatoires.

III — Le § 5 de l'art. 41, avons-nous dit, ne dispose que pour le cas où il s'agit de faits *étrangers à la cause*. Mais la circonstance que les faits sont *étrangers* à la cause est-elle une condition essentielle sans laquelle le § 5 ne serait point applicable, et sans laquelle la diffamation resterait dans les termes généraux du § 3 qui déclare que la défense devant les tribunaux ne donne lieu à aucune action en diffamation ?

Sur ce point, les auteurs ne sont pas d'accord. La controverse avait pris naissance avec l'art. 23 de la loi du 17 mai 1819, et elle peut encore subsister, en présence de l'économie de l'art. 41 de la nouvelle loi.

D'après MM. Mangin et Grellet-Dumazeau, une action civile doit toujours être accordée aux tiers, qu'il s'agisse de diffamations relatives ou étrangères au procès. Ces diffamations, quelles qu'elles soient, constituent tout au moins un quasi-délit et soumettent leur auteur à une responsabilité pécuniaire, conformément au principe de l'art. 1382 du Code civil.

MM. Chassan et de Grattier repoussent avec raison ce système, qui s'appuie peut-être sur des raisons de haute équité, mais qui répugne trop au texte formel et même à l'esprit de la loi pour qu'il nous soit possible de l'admettre. L'art. 41 dispose d'une manière générale et absolue. Après avoir, dans l'intérêt de la défense, dénié l'action en diffamation, il n'apporte d'exception à cette règle que pour le cas de faits diffamatoires *étrangers à la cause*, soit qu'il s'agisse de l'action publique ou de l'action civile.

Les tiers diffamés à l'occasion de faits relatifs au procès n'ont-ils donc aucun moyen d'obtenir réparation du pré-judice qui leur est causé? La seule protection que la loi leur accorde réside dans les pouvoirs de police des magistrats et le droit qu'ils ont d'infliger aux avocats et officiers ministériels des peines disciplinaires : protection presque toujours illusoire, puisque les tiers diffamés, complètement étrangers au litige, seront la plupart du temps inconnus des juges et que ceux-ci n'ayant pas entre les mains des éléments d'appréciation suffisants, se montreront peu disposés à faire usage des pouvoirs que la loi leur confère.

C'est pour remédier sans doute à cet état de choses que la jurisprudence admet les tiers diffamés pour faits relatifs à la cause à se porter parties intervenantes. Ainsi, lorsque au cours de débats judiciaires, des faits diffamatoires à l'égard d'un tiers sont allégués et que ces faits se rapportent au litige, le tiers peut intervenir et demander aux juges saisis la réparation de la diffamation dirigée contre lui (1). « Si, en effet, dit M. de Grattier, la loi dénie l'action en diffamation aux tiers toutes les fois que les faits diffamatoires ne sont pas étrangers à la cause, il faut bien admettre que la loi a entendu, par une conséquence nécessaire, leur ouvrir la voie d'intervention, même en cause d'appel, s'ils n'ont pas été mis en état de le faire en première instance... Le diffamateur ne peut pas jouir, à leur égard, d'une impunité qui ne lui a pas été accordée même vis-à-vis des parties en cause. »

Si les imputations infamantes dirigées contre le tiers se trouvent consignées dans des écrits produits en justice,

____

(1) Amiens, 15 mars 1833.

il aura le droit, toujours d'après la jurisprudence, d'intervenir au procès, non seulement pour obtenir la réparation du préjudice que ces imputations ont pu lui causer, mais encore pour demander la suppression des écrits diffamatoires.

La Cour de Rennes a fait de ces règles une application particulière dans une espèce que nous croyons devoir rappeler ici.

Une demoiselle C., désignée, dans les articulations de Mme K., demanderesse en séparation de corps, comme complice de l'adultère du mari, était intervenue, dès le début du procès, pour demander la suppression des passages des écrits pouvant la concerner, en offrant la preuve contraire des faits allégués. Un jugement du tribunal civil de Nantes, en date du 7 février 1876, déclara l'intervention recevable et autorisa l'intervenante à faire par témoins la preuve offerte. Appel fut interjeté de ce jugement, et la Cour de Rennes rendit, le 30 mai 1876, un arrêt confirmatif dans lequel il est dit qu'en matière de séparation de corps comme en toute autre, le tiers diffamé ou injurié par les discours prononcés ou les écrits produits en justice, spécialement le tiers désigné par les articulations de la demande comme complice de l'adultère du mari, peut intervenir au procès pour obtenir des dommages-intérêts et la suppression des écrits injurieux ou diffamatoires; qu'il aurait même le droit d'assister aux enquêtes et de prouver la fausseté des faits qui lui sont reprochés. Le principal motif invoqué par cet arrêt, « c'est qu'on ne saurait admettre qu'une personne qui croit dans un procès son honneur livré à la dispute de deux plaideurs, son avenir moral et social à la merci d'un hasard de procédure, d'une inhabileté, d'une fraude, d'une collusion possible, ne pourra pas recourir à la justice et lui demander la parole, qu'elle soit condamnée à assister en silence à la ruine de sa réputation. »

Toutefois, la thèse contraire a été soutenue par M. Demolombe, et il est certain que le système de la jurisprudence, adopté du reste par la plupart des auteurs, peut donner lieu à de sérieuses critiques, au point de vue des textes. Le dernier paragraphe de l'art. 41 déroge évidemment au droit commun, et il réglemente seul la matière qui nous occupe. Or, s'il n'accorde de recours aux tiers que dans le cas unique où les faits allégués sont étrangers à la cause, ne refuse-t-il pas par là même toute action séparée et tout droit d'intervention aux tiers lorsqu'ils sont injuriés ou diffamés pour faits *relatifs* à la cause? Avouons-le pourtant : si cette solution est plus juridique, elle est certainement moins équitable que celle admise par la jurisprudence. Quoi qu'il en soit, nous estimons que l'intervention dont il vient d'être parlé est autorisée uniquement en matière civile, jamais en matière criminelle. Chaque poursuite de cette nature doit conserver son unité et marcher rapidement vers son but, sans se compliquer d'incidents qui en arrêteraient inutilement le cours (1).

§ 5. — *Des tribunaux compétents pour la répression des injures et diffamations commises à l'audience ou à l'occasion d'un procès.*

C'est le juge *saisi de la cause* qui doit prononcer la suppression des écrits diffamatoires et la condamnation aux

(1) Faustin-Hélie, *Traité de l'instr. crim.*, t. II, p. 73.

dommages-intérêts. Mais il ne peut le faire *qu'en statuant sur le fond*. Le but de cette disposition est de soumettre le délit commis aux magistrats mêmes qui l'ont vu commettre sous leurs yeux. Nul en effet ne sera plus compétent qu'eux pour décider s'il y a eu chez le délinquant malveillance et intention de nuire, ou si, au contraire, les injures et diffamations qui se sont produites étaient nécessaires pour éclairer la justice ou pour aider la défense.

Ainsi, ce n'est que le juge du fond de la contestation qui peut prononcer à cet égard. D'où il suit que le juge qui se déclare incompétent, devrait se borner à donner acte des *discours* injurieux ou diffamatoires, s'il était pris des conclusions à cette fin. Quant aux *écrits*, ils demeureront toujours pour faire foi de leur contenu.

D'un autre côté, le juge saisi du fond ne peut statuer sur les discours ou écrits injurieux et sur le fond que par un seul et même jugement. Après le jugement du fond, il serait dessaisi et ne pourrait plus connaître d'un incident ou d'un accessoire de la cause; — avant ce jugement, sa décision aurait pour résultat d'entraver la défense ; aussi la loi n'a-t-elle pas permis qu'il la rendît plus tôt. L'accessoire d'ailleurs suit le principal, et sous ce rapport encore, notre texte n'a fait que se conformer au droit commun.

Au surplus, il faut bien remarquer que le juge ne statue que dans les limites du degré de juridiction qui lui est attribué par la loi, et qu'ainsi ses décisions rendues par application des décisions du § 4 de l'art. 41 sont, dans les termes du droit commun, soumises non seulement au recours d'opposition, mais encore à ceux d'appel et de cassation.

— La loi, dans l'art. 41, ne fait aucune distinction entre

les diffamations commises devant les tribunaux ordinaires
et celles qui sont commises devant les tribunaux d'exception. Il en résulte que l'intention du législateur a été de
protéger également la libre défense des parties devant
toutes les juridictions, et l'on doit par conséquent accorder
à tous les tribunaux, de quelque nature qu'ils soient, aux
conseils de guerre, aux conseils de préfecture, aux tribunaux de commerce, au Conseil d'État, à la Cour des
comptes, aux juges de paix, le droit d'ordonner la suppression des écrits injurieux ou diffamatoires et de condamner le délinquant à des dommages-intérêts (1).

Mais faut-il reconnaître aux arbitres le pouvoir que la
loi attribue ici aux tribunaux? Nous ne le pensons pas.
L'art. 44 ne parle, en effet, que de tribunaux et de juges;
or, les arbitres ne sont pas des juges et ne peuvent pas
constituer des tribunaux. A un autre point de vue, ne
serait-il pas dangereux d'autoriser à prendre les mesures
indiquées par notre article, des personnes non revêtues
d'un caractère public, n'offrant pas toujours les garanties
qu'il faudrait, et qui pourraient, le cas échéant, abuser
de leur mission dans un but de vengeance personnelle?

Nous venons de voir que sous la dénomination générique de tribunaux, on doit comprendre le juge de paix.
Mais il n'en est ainsi qu'au cas où le juge de paix est
saisi d'une contestation comme juge, et non pas lorsqu'il
connaît d'une affaire comme conciliateur, car alors il n'a
pas à statuer sur une cause, mais seulement à dresser un
procès-verbal. Sans doute, il devra toujours veiller à ce
que les écarts auxquels les parties pourraient se laisser

(1) Paris, 26 janvier 1838.

aller, en dehors des nécessités de la lutte judiciaire qu'elles ont entreprise, soient réprimés selon le vœu de la loi; il devra également, si les parties le réclament, leur donner acte des propos diffamatoires ou injurieux tenus contre elles, et réserver leur action. Mais, encore une fois, n'étant pas *saisi* d'une cause, et *ne statuant pas au fond,* le magistrat conciliateur n'a pas qualité pour prononcer des dommages-intérêts, ou ordonner la suppression des écrits délictueux (1).

Quand nous disons que le juge doit être *saisi du fond,* il faut entendre ces termes dans un sens large. Ainsi, un juge désigné pour trancher une question de compétence, ou même un simple incident de procédure, doit être considéré comme statuant au fond.

Il existe toutefois une exception qu'il importe de signaler. Les chambres d'accusation ne peuvent statuer sur les écrits produits devant elles et qui contiendraient des faits injurieux ou diffamatoires. Cette juridiction, en effet, n'est appelée qu'à déclarer la compétence et elle ne la fixe qu'en s'appuyant sur de simples indices de culpabilité. Il n'y a là ni publicité ni débat. Dès lors, les mémoires produits devant ces chambres restent dans le droit commun : ils ne peuvent donner lieu qu'à une action civile devant les tribunaux civils, à raison du dommage causé par le simple fait de leur production, s'ils n'ont pas été d'ailleurs publiés; et s'ils ont été, en outre, distribués dans le public, ils ouvriront l'action en diffamation ou en injure, à raison de ce dernier fait.

Faisons remarquer enfin, pour ce qui concerne les injonctions aux avocats et aux officiers ministériels, ainsi

(1) Aix, 30 avril 1845.

que les suspensions qui peuvent être prononcées contre eux, que ces peines doivent être appliquées uniquement par les tribunaux ordinaires, jamais par les juridictions d'exception.

CHAPITRE V

De la poursuite et de la répression.

Depuis les lois de 1819, les règles générales relatives à la poursuite et à la répression des délits d'injure et de diffamation envers les particuliers n'ont pas varié. On peut encore aujourd'hui les résumer dans les quatre propositions suivantes :

1° L'injure et la diffamation envers les particuliers donnent ouverture à l'action publique et à l'action civile, conformément au droit commun (art. 1er, l. 26 mai 1819 — art. 60, l. 29 juillet 1881).

2° Une plainte de la partie offensée est nécessaire pour que l'action publique soit mise en mouvement (art. 5, l. 26 mai 1819 — art. 60-1°, l. 29 juillet 1881).

3° L'action publique résultant des délits d'injure et de diffamation envers les particuliers est portée devant les tribunaux correctionnels (art. 14, l. 26 mai 1819 — art. 17, l. 25 mars 1822 — art. 5, l. 8 octobre 1830 — art. 1er, déc. 25-28 février 1852 — art. 5, l. 29 décembre 1875 — art. 45, § 2, l. 29 juillet 1881). — Elle est portée devant le tribunal de simple police, lorsqu'il s'agit de diffamation ou d'injure non publique (art. 20, l. 17 mai 1819 — art. 45, § 3, l. 29 juillet 1881).

L'action civile peut être intentée, soit devant la juridiction civile, soit devant le tribunal de répression en même temps que l'action publique (art. 3, 145, 182, C. instr. crim.).

4° Nul n'est admis à prouver, à l'encontre des particuliers, la vérité des faits diffamatoires (art. 20, l. 26 mai 1819 — art. 35, l. 29 juillet 1881).

En l'envisageant au point de vue fort restreint qui nous occupe, la loi de 1881 s'est bornée à modifier les peines prononcées contre les délinquants et à remettre en vigueur certaines formalités spéciales de procédure que la loi du 26 mai 1819 exigeait déjà, et qui avaient été ensuite abrogées par une législation postérieure. Nous aurons soin de signaler ces dispositions au fur et à mesure qu'elles se présenteront à nous; mais il nous semblerait superflu de les énumérer ici avec détails.

PREMIÈRE DIVISION.

De la réparation des délits de diffamation et d'injure publiques.

SECTION I.

De l'action publique.

L'action publique est exercée au nom de la société; elle a pour objet l'application de la peine prononcée par la loi. Confiée exclusivement aux officiers du ministère public, elle n'est en général subordonnée à aucune plainte ni à aucune dénonciation. En ce qui la concerne, ni transaction, ni désistement ne peuvent être consentis par les magistrats chargés de poursuivre la répression des crimes et des délits. Néanmoins, dans certains cas, et notamment lorsqu'il s'agit des délits de diffamation et d'injure, des restrictions ont été apportées aux droits du ministère public.

§ 1. — *Des plaintes.*

ART. 1ᵉʳ. — *Nécessité d'une plainte pour mettre l'action publique en mouvement.* — Sans une plainte ou une requête préalable de la personne diffamée, l'action publique est suspendue et ne peut être exercée. Il en résulte que l'offensé seul est arbitre de la poursuite (art. 60-1°, l. 29 juillet 1881).

Cette disposition exceptionnelle se justifie aisément. Le législateur a fait fléchir l'intérêt de la vindicte publique devant celui de la partie, qu'une poursuite inconsidérée aurait pu exposer à subir de nouvelles et peut-être de plus cruelles injures. L'intérêt même de la société le voulait ainsi, car l'honneur des citoyens et des familles se lie étroitement à l'ordre social, dont il est le plus ferme appui. C'est la considération que M. de Serre, présentant la loi du 26 mai 1819, faisait valoir dans les termes suivants : « Nul, disait-il, sans son *consentement,* ne doit être engagé dans des débats où la justice même et le triomphe ne sont pas toujours exempts d'inconvénients. Si le maintien de la paix publique semble demander qu'aucun délit ne reste impuni, cette même paix gagne aussi à ce qu'on laisse se guérir d'elles-mêmes des blessures qui s'enveniment dès qu'on les touche. » Une plainte est donc nécessaire pour mettre en mouvement l'action publique contre les auteurs de diffamations ou d'injures.

A défaut de cette condition essentielle, la poursuite intentée par le ministère public serait entachée de nullité.

Suivant nous, cette nullité est d'ordre public et ne saurait être couverte par le silence du prévenu. Ce n'est pas effectivement dans l'intérêt unique de celui-ci que les préliminaires dont nous parlons sont exigés. Ils ont une portée plus haute et touchent à l'intérêt général. Ne pas tenir compte de la disposition de loi qui les prescrit, c'est violer l'ordre public, c'est encourir une nullité absolue de procédure.

ART. 2. — *Forme de la plainte.* — Il est constant, en doctrine comme en jurisprudence, que la plainte préalable dont nous nous occupons n'est soumise à aucune forme spéciale et déterminée. Il suffit que la plainte manifeste clairement l'intention de la partie lésée d'obtenir réparation du délit, et c'est aux magistrats saisis de la poursuite qu'il appartient de décider si l'action du ministère public a été suffisamment provoquée par la personne diffamée. Il a été jugé en ce sens qu'une lettre transmise au procureur de la République, avec prière de poursuivre, qu'une plainte constatée par le procès-verbal d'un brigadier de gendarmerie envoyé au parquet, suffisent pour mettre en mouvement l'action publique (1).

La plainte n'a pas besoin d'être datée (2). Il n'est pas nécessaire non plus qu'elle soit signée, lorsqu'un autre acte ou une circonstance quelconque ne laisse pas de doute sur son auteur.

La citation donnée au prévenu devant le tribunal de répression, à la requête de la partie civile, doit être considérée comme équivalente à une plainte, et le ministère public, par le seul fait de cette citation, peut requérir

(1) Bourges, 10 décembre 1840 — Cass., 29 mai 1845.
(2) Cass., 18 janvier 1861.

l'application de la peine. Ce point n'a jamais soulevé la moindre difficulté. Mais si la personne qui se prétend lésée a intenté une action en dommages-intérêts devant le tribunal civil, le magistrat du parquet est-il par cela même autorisé à poursuivre devant le tribunal correctionnel la répression du fait qui donne lieu à cette action? La plupart des auteurs, et notamment MM. de Grattier et Grellet-Dumazeau, se prononcent pour la négative. L'exercice de l'action purement civile est complètement étranger au droit de poursuite des délits conféré par la loi au ministère public, et lorsque la personne diffamée a saisi de son action le tribunal civil, loin de provoquer l'action publique, il paraît qu'elle a cherché à l'éviter. En déterminant de cette manière le mode de poursuite par lequel le diffamateur sera attaqué, elle limite du même coup et la nature de la réparation à laquelle, dans son intérêt, elle croit pouvoir prétendre, et le droit de prononcer sur cette réparation.

ART. 3. — *Qui peut porter plainte?* — Nous avons dit, dans une autre partie de cette étude, que l'on pouvait être atteint par la diffamation, bien que les faits qui la constituent fussent dirigés contre une autre personne. Dans tous les cas, la personne sur laquelle rejaillissent les faits diffamatoires ou injurieux peut, sans aucun doute, porter plainte du délit en son nom personnel, parce qu'elle a intérêt à ce qu'il soit réprimé. Ainsi le mari peut, même sans le concours de sa femme, porter plainte de l'outrage adressé à celle-ci, si l'outrage est de nature à intéresser sa propre considération. La diffamation, au contraire, est-elle dirigée exclusivement contre la femme, la plainte du mari ne suffirait pas pour régulariser l'action publique. L'honneur de la femme seule est alors en cause, elle seule doit examiner s'il lui convient de descendre dans l'arène judiciaire et de donner le signal du débat.

Une autre question se pose à ce sujet. Pour rendre plainte, la femme a-t-elle besoin de l'autorisation maritale? En termes plus généraux, lorsque le plaignant ne se constitue pas partie civile, son état de minorité ou d'incapacité fait-il obstacle à ce qu'il dépose la plainte exigée par l'art. 60-1° de la loi de 1881 ?

D'après une première opinion, toute personne qui n'est pas maîtresse de ses droits ne peut elle-même porter plainte à raison de l'injure ou de la diffamation dont elle a été l'objet. Dans la pensée du législateur, disent les partisans de ce système, la partie intéressée doit être appelée à peser avant tout, à son point de vue personnel, les avantages et les inconvénients d'une poursuite. Or, quand la personne diffamée est mineure ou incapable, le droit de faire cette appréciation complexe, délicate, qui intéresse souvent la famille tout entière, ne peut appartenir qu'au chef de la famille, ou à celui qui est le représentant légal de l'offensé. Sans doute, il peut arriver que le mari soit peu soucieux des intérêts de sa femme ou même qu'il soit animé envers elle de sentiments hostiles, et il serait fâcheux de subordonner, d'une manière absolue, la plainte à son assentiment. Mais alors, comme dans les cas ordinaires, la femme aura le droit de recourir à la justice pour se passer de l'autorisation maritale (art. 218 et 219, C. civ.). S'agit-il d'une diffamation dirigée contre un mineur, contre un interdit? C'est au tuteur qu'appartiendra le droit de porter plainte en leur nom (1).

(1) Dalloz, v° *Presse*, n°s 1089 et 1090.

Malgré la gravité des considérations qu'il invoque, la rigueur des principes nous conduit à repousser ce système. En exigeant une plainte préalable, l'art. 60-1° apporte une exception aux règles ordinaires de la poursuite : il doit donc être strictement renfermé dans ses termes. Or, d'après l'art. 63 du Code d'instruction criminelle, toute personne lésée par un crime ou par un délit peut en rendre plainte, et il est bien reconnu par la jurisprudence que cet article s'applique même au mineur, même à l'incapable, alors du moins que le plaignant ne se constitue pas en même temps partie civile. De là il faut conclure que le mineur et l'incapable peuvent déposer la plainte prescrite par la loi de 1881, aussi bien que toute autre plainte. Le vœu de cette loi est d'ailleurs rempli, puisque le ministère public a dû attendre et a attendu la plainte. De plus, il est bien clair qu'avant de suivre sur la demande d'un mineur, il prendra des renseignements, il consultera la famille, et que, de cette manière, aucun inconvénient ne peut résulter du droit qui lui sera ainsi reconnu (1).

.Le survivant des époux, la famille ou les héritiers peuvent aussi porter plainte, lorsque le délit commis envers la personne décédée rejaillit sur eux.

Ces principes s'appliquent encore à l'égard du mandant et du mandataire, ou du déléguant et du délégué, des membres ou commis d'un corps quelconque ou d'une administration, des associés ou sociétaires, en général enfin à l'égard de tous ceux sur lesquels le délit rejaillit, quoique dirigé contre une autre personne. Toutes ces personnes auront qualité pour porter plainte, soit collectivement, soit individuellement (2).

(1) De Grattier, t. I, p. 343.
(2) Trib. corr. Seine, 3 janvier 1868 — Arg. analog., Cass., 18 août 1860 — Aix, 14 mars 1862 — Cass., 25 juin 1866.

Mais lorsqu'il s'agit des membres ou commis d'un corps ou d'une administration, d'une société ou association, il est une remarque importante à faire. Ces membres ou commis seront sans qualité pour porter plainte si le délit réjaillit plutôt sur le corps, l'administration, la société ou l'association que sur eux-mêmes. La plainte doit alors être portée par une délibération, conformément à l'art. 47-1º, s'il s'agit d'un corps constitué ou d'une administration publique, et s'il ne s'agit pas d'un corps constitué ou d'une administration publique, par le chef du corps ou de l'administration, par le directeur de la société ou de l'association (1).

Art. 4. — *Quel est le parquet compétent pour recevoir la plainte et y donner suite?* — Si la loi de 1881 a pris soin de faire connaître les juridictions compétentes en matière de diffamation et d'injure, elle a gardé le silence relativement à la compétence territoriale de ces juridictions. En l'absence de règles spéciales, il nous faut donc suivre ici le droit commun établi par l'art. 23 du Code d'instruction criminelle : « Sont également compétents... le procureur de la République du lieu du crime ou délit, celui de la résidence du prévenu et celui du lieu où le prévenu pourra être trouvé. »

Ces principes ont toujours été appliqués sans aucune modification aux délits de la parole et aux délits commis par toute voie de communication qui ne donne pas lieu au dépôt légal. En ce qui concerne, au contraire, les publications assujetties à cette formalité, l'art. 12 de la loi du 26 mai 1819 avait apporté plusieurs exceptions aux règles de la compétence territoriale. La poursuite,

______

(1) Cass., 16 juin 1832.

notamment, ne pouvait être faite que devant les juges du lieu où le dépôt avait été opéré, ou de celui de la résidence du prévenu. Par conséquent, le juge du lieu où le prévenu est trouvé cessait d'être compétent en cette matière. D'un autre côté, l'art. 12, § 3, ajoutait aux lieux qui, suivant le droit commun, sont attributifs de compétence, *le lieu du domicile de la partie plaignante pourvu que la publication y ait été effectuée.*

L'art. 12 de la loi du 26 mai 1819 fut abrogé par le décret du 17 février 1852 (art. 27), qui faisait rentrer les délits commis par la voie de la presse, quant à la juridiction, à la compétence et aux formes de la poursuite, dans les dispositions générales du Code d'instruction criminelle. Dès lors la poursuite put être intentée : 1° devant le tribunal du lieu de la résidence du prévenu ; 2° devant celui du lieu de son arrestation ; 3° devant tout tribunal dans le ressort duquel l'écrit incriminé avait été publié (1).

Le silence du législateur de 1881 à ce sujet montre bien qu'il a voulu s'en tenir aux mêmes règles touchant la compétence territoriale (2).

Art. 5. — *Effets de la plainte.* — I — De ce qu'une plainte a été régulièrement portée, il ne s'ensuit pas que le ministère public doive nécessairement intenter son action. S'il en était ainsi, le ministère public serait souvent exposé à devenir le jouet des passions ou de la légèreté des parties, et son caractère pourrait être compromis par des poursuites inconsidérées. Ce n'est un devoir pour lui d'agir que là où il y a crime ou délit qualifié et défini par la loi. Il lui appartient donc d'examiner la nature du fait

(1) Cass., 8 août 1861.
(2) Arg. art. 60-1°, loi du 29 juillet 1881.

dénoncé avant de prendre aucune mesure et même de considérer l'atteinte qu'a reçue la société; car il est évident qu'il devra renoncer à la poursuite si cette atteinte n'est pas assez grave pour mettre l'action publique en mouvement. Le principe consacré dans l'art. 1er du Code d'instruction criminelle et en vertu duquel l'action publique n'appartient qu'aux fonctionnaires à qui elle est confiée par la loi, la rend indépendante de tous les intérêts privés, et lui assure constamment aussi le caractère d'impartialité de la loi. Ce principe est une garantie constituée pour protéger le repos et l'honneur des citoyens contre des poursuites téméraires et injustes. Or, ces garanties disparaîtraient si le ministère public était obligé de céder sans examen à toutes les plaintes, à toutes les dénonciations. Le parquet deviendrait véritablement alors un instrument des plus dangereux offert à toutes les haines et à toutes les vengeances.

II — Dans le cas où la partie offensée vient à se désister ou à retirer sa plainte, ce désistement a-t-il toujours pour résultat de paralyser l'action du ministère public? Sous l'empire des lois de 1819, cette question avait donné lieu à une difficulté assez sérieuse.

La plupart des auteurs, argumentant des termes de l'art. 4 du Code d'instruction criminelle, soutenaient qu'une fois l'impulsion donnée au ministère public par la plainte de la partie lésée, la poursuite de l'action publique ne pouvait plus être arrêtée par la renonciation ou le désistement de la partie civile (1).

Suivant d'autres jurisconsultes, tant que la volonté du

---

(1) Ortolan, *le Ministère public*, t. II, p. 19 — De Grattier, t. I, p. 315 — Parant, p. 222 — Mangin, t. I, p. 271.

ministère public ne s'était pas manifestée, tant que la poursuite n'était pas entamée, le retrait de la plainte devait toujours avoir pour effet de paralyser l'action publique et de remettre les choses dans le même état qu'avant la plainte (1).

Enfin M. Carnot considérait la PLAINTE comme étant le principe NÉCESSAIRE de l'exercice de l'action publique; « l'une et l'autre, dit-il, doivent avoir par conséquent une existence *simultanée*; n'y ayant plus de cause, il ne peut y avoir d'effet; l'action qui est soumise à une condition perd toute sa force et sa vertu lorsque la condition s'évanouit. » Dans ce système, le désistement de la partie plaignante devait arrêter et suspendre une poursuite même déjà commencée.

C'est à cette dernière solution que s'est arrêté le législateur de 1881, comme cela résulte des termes formels de l'art. 60, dernier paragraphe : « Le désistement de la partie plaignante arrêtera la poursuite commencée. » Désormais il n'y a plus de controverse possible sur ce point.

III — Si, en matière de diffamation et d'injure publiques, la loi guidée par de sages ménagements a voulu que l'action publique ne pût être mise en mouvement que sur la plainte de la partie lésée, elle rend néanmoins à cette action toute sa liberté dès que la plainte existe. Celle-ci parût-elle restreinte à la seule personne qui aurait signé l'écrit incriminé, le ministère public aurait cependant le droit de requérir l'application de la peine contre tous les coauteurs ou complices qui pourraient être découverts. De même, s'il s'agissait de diffamation ano-

(1) Chassan, t. II, p. 64.

nyme, la poursuite comprendrait aussi nécessairement tous ceux qui seraient reconnus avoir participé au délit. Cette doctrine paraît unanimement admise (1).

Mais la jurisprudence déclare en même temps que la plainte est *spéciale* quant aux faits qu'elle dénonce, et qu'elle ne peut servir de base à des poursuites pour des faits qui auraient été expressément ou tacitement réservés (2).

§ 2. — *De certaines formalités de procédure.*

Art. 1er. — *Réquisitoire du ministère public. — Citation à prévenu.* — Lorsque les diffamations ou les injures que la plainte de la partie offensée dénonce au ministère public sont assez graves pour porter atteinte à l'ordre public et à l'intérêt général, des poursuites d'office sont nécessaires. Dans ce cas, le magistrat du parquet a le choix ou de requérir le juge d'instruction d'informer ou de saisir directement le tribunal correctionnel (art. 182, C. instr. crim.). C'est cette dernière voie qui sera le plus souvent employée (3). Cependant, si le ministère public juge nécessaire de soumettre la plainte qu'il a reçue à une information préalable, il devra dans son réquisitoire se conformer aux règles rigoureusement prescrites par l'art. 48 de la loi du 29 juillet 1881. Ainsi, il sera tenu d'articuler et de qualifier les diffamations et injures à raison desquelles la poursuite est intentée, avec indica-

---

(1) Cass., 23 mars 1860 — Chassan, t. II, n° 1185 — De Grattier, t. I, p. 346.

(2) Cass., 19 avril 1849 — 17 janvier 1851.

(3) Voir Circul. minist. 9 novembre 1881.

tion des textes dont l'application est demandée, à peine de nullité du réquisitoire de ladite poursuite (1).

S'il recourt à la voie plus rapide de la citation directe, cette citation doit également préciser et qualifier le fait incriminé et indiquer le texte de loi applicable à la poursuite, le tout, dit l'art. 60-3°, à peine de nullité de ladite poursuite (2).

La loi du 26 mai 1819, dans son art. 6, avait déjà prescrit d'articuler et de qualifier les faits diffamatoires ou injures à raison desquels la poursuite était intentée, et ce, à peine de nullité de la poursuite. Mais cet article avait été abrogé par le décret du 17 février 1852, qui déclarait (art. 27) que les poursuites auraient lieu dans les formes prescrites par le Code d'instruction criminelle. — Postérieurement, la loi du 29 décembre 1875, dans son art. 4 qui réglait la poursuite des délits commis par la voie de la presse, avait remis en vigueur l'art. 16 de la loi du 27 juillet 1849, dont le § 2 édictait que la citation devait contenir l'indication précise de l'écrit incriminé, ainsi que l'articulation et la qualification des délits, mais ne prescrivait pas plus que l'art. 183 du Code d'instruction criminelle l'indication des textes de loi applicables.

Comme il est dit dans le rapport de M. Lisbonne, les art. 48 et 60, § 3, de la loi du 29 juillet 1881 reproduisent l'art. 6 de la loi du 26 mai 1819, toutefois avec une condition en plus relativement aux textes de loi applicables. On veut, dans l'intérêt de la défense, que le prévenu connaisse exactement la prévention et soit ainsi mis à même de pouvoir la repousser.

---

(1) Tant que les faits incriminés ne constituent que des délits de diffamation ou d'injure, le prévenu ne pourra être arrêté préventivement, sauf toutefois le cas où il n'aurait pas de domicile en France (art. 49, § 2).

(2) Voyez 1. 7, Dig., liv. 47, tit. 10.

Que doit-on entendre par l'indication des textes de loi applicables à la poursuite? — L'insertion totale des textes n'est nullement nécessaire; mais il faut que le numéro de l'article et la date de la loi soient énoncés d'une manière claire et parfaitement exacte. Il ne peut être suppléé à cette obligation par l'emploi de formules plus ou moins vagues, plus ou moins équivoques. D'après un arrêt de la Cour de Paris du 4 février 1882, la citation ne satisfait point à l'exigence de la loi, si elle porte seulement que les propos diffamatoires reprochés « constituent des délits prévus et punis *par la loi du* 17 *mai* 1819 *et par les art.* 30 *et suivants de la loi du* 29 *juillet* 1881. »

Le tribunal de la Seine a fait récemment une application rigoureuse de l'art. 60 combiné avec l'art. 48 de notre loi. Par un jugement du 29 décembre 1881 (affaire Challemel-Lacour contre Rochefort et autres), il a annulé la citation qui pour une prévention de diffamation, avait bien visé cependant l'art. 32, par ce motif, que ladite citation n'avait visé ni l'art. 29 contenant la définition du délit poursuivi, ni les art. 42 et 43, relatifs à la responsabilité des co-prévenus.

Mais la Cour de Paris a, le 23 janvier 1882, infirmé ce jugement. Par un arrêt longuement motivé, elle a décidé que la loi nouvelle, en dehors de l'indication du texte relatif à la peine n'exigeait pas l'indication des textes relatifs à la définition du délit ou du titre de la responsabilité. Du moment que la citation indique l'art. 32, qui prononce la peine applicable et nomme le délit de diffamation qui doit être puni, cela suffit : les autres mentions sont surabondantes, et en matière de nullité, tout est de droit strict.

Cette théorie paraît juridique et conforme au texte et à l'esprit de la loi.

Si les faits comprennent l'énonciation de passages d'un écrit qui sont l'objet de la poursuite, ces passages doivent être insérés dans le réquisitoire ou la citation introductifs de la poursuite, ou au moins y être indiqués soit par les premiers mots qui les commencent et les derniers mots qui les finissent, soit par les numéros des pages où ils se trouvent, si l'ouvrage est joint au réquisitoire. L'erreur dans ces indications les ferait considérer comme irrégulières et nulles. Ainsi il a été jugé que le réquisitoire qui contient une erreur dans l'énonciation et l'articulation des paragraphes et de la date de l'article incriminé, ne remplit pas les conditions exigées pour la validité de la poursuite (1).

Toutefois, il n'est pas nécessaire de répéter la qualification à chacun des faits incriminés, lorsqu'il y en a plusieurs qui ont la même qualification. Il suffit de les qualifier en masse ou de dire que chacun d'eux renferme les mêmes délits déjà spécialement désignés à l'égard de l'un d'eux. Pour des délits de différente nature, on peut également, après avoir réuni tous les passages qui les constituent, indiquer ensuite les diverses qualifications attribuées à chacun de ces délits.

La loi n'a point, d'ailleurs, déterminé dans quelle partie du réquisitoire ou de la plainte l'énonciation et la qualification des faits devraient être contenues. Elles peuvent dès lors l'être à la fin comme au commencement.

La nullité de la poursuite fondée sur ce que le réquisitoire ou la citation ne remplissent pas le vœu de la loi est absolue et radicale; elle a lieu de plein droit et peut être par conséquent prononcée d'office par le juge. Elle existe à l'égard de tous les prévenus compris simultanément

(1) Cass., 14 juin 1834.

dans ce réquisitoire ou dans cette citation, alors même que la poursuite serait exercée séparément vis-à-vis d'eux. Enfin elle peut être invoquée en appel même pour la première fois. Mais il convient de remarquer que les art. 48 et 60-3° de la loi de 1881 se bornent à prononcer la nullité de la *poursuite*; ils ne disent point que la poursuite ne pourra être recommencée. Or, les nullités sont de droit étroit, elles doivent être restreintes dans leurs termes et aux cas auxquels la loi les a appliquées. Peu importe, dès lors, qu'il y ait eu poursuite commencée en vertu du réquisitoire ou de la citation entachée de nullité. La nullité ne frappe que sur la poursuite à laquelle ce réquisitoire ou cette citation a servi de base. Quant à l'action, elle reste intacte et entière, et elle pourra être de nouveau exercée tant qu'elle n'aura pas été éteinte par la prescription.

Art. 2. — *Délai de la citation.* — Pour la notification au prévenu de l'original de citation et pour le délai de comparution devant le tribunal, il faut en principe observer les règles ordinaires prescrites par le Code d'instruction criminelle. Ainsi, il doit y avoir au moins un délai de trois jours, outre un jour par trois myriamètres de distance du domicile de l'inculpé, entre la citation et le jugement. La sanction de cette règle est la nullité de la condamnation qui serait prononcée par défaut contre la personne citée, pourvu que cette nullité soit proposée à la première audience, et avant toute exception ou défense (art. 184, C. instr. crim.).

Une dérogation a été apportée à ce principe par l'art. 60-2° de la loi du 29 juillet 1881. En cas de diffamation ou d'injure pendant la période électorale contre un candidat à une fonction élective, ce candidat pourra, pendant la même période, donner assignation à comparaître dans un délai franc de vingt-quatre heures. « On comprend, en effet, disait à cet égard M. Lorois à la Chambre des députés, quel inconvénient sérieux il y aurait à ce qu'un candidat diffamé n'obtînt la réparation à laquelle il a droit que lorsque la période électorale serait terminée (1). » Il était donc juste d'abréger les délais de la procédure en cette matière.

§ 3. — *Contre qui l'action publique peut-elle être intentée? — Responsabilités au point de vue pénal.*

La raison indique que les délits de la parole et de la presse, comme tous les autres délits, peuvent être l'œuvre collective de plusieurs agents qui se sont distribué les rôles. Celui-là est le provocateur du délit, il a subjugué par son influence, séduit par ses promesses ou par son or; tel autre a fourni les renseignements pour la diffamation; un troisième, portant la parole, a proféré les propos injurieux, ou bien il a tenu la plume et rédigé le libelle; l'imprimeur s'est associé volontairement à l'œuvre de la calomnie : tous ont concouru au même délit, chacun par des actes différents. La loi devait par conséquent, se réserver le droit de les punir tous selon le degré de leur culpabilité.

Les art. 42 et 43 de la loi du 29 juillet 1881 reproduisent à ce point de vue la grande division des coupables en *auteurs principaux* et *complices*.

De droit commun, l'auteur principal d'un crime ou d'un délit est celui qui accomplit matériellement le fait réprouvé par la loi. — Les complices sont ceux qui ont provoqué à cette action avec connaissance, aidé l'auteur

(1) Voyez *Journal officiel*, 2 février 1881.

de l'action dans les faits qui l'ont préparée, facilitée ou consommée (art. 60, C. pén.).

Dans la matière dont nous traitons, c'est la publication que la loi punit; c'est donc le publicateur qui est l'auteur principal. Mais, pour plus de clarté, il est bon d'établir à cet égard certaines distinctions.

ART. 1er. — *Diffamations et injures verbales.* — Ici, pas de difficultés :

I — *Auteurs principaux.* — Il faut considérer comme auteurs principaux tous ceux qui profèrent publiquement contre quelqu'un des imputations présentant les caractères légaux des délits de diffamation et d'injure.

II — *Complices.* — Seront réputées complices toutes personnes auxquelles s'appliquerait la définition de l'article 60 du Code pénal. Telle est effectivement la solution qui résulte des termes généraux et absolus de l'art. 43, § 2, de la loi de 1881.

ART. 2. — *Diffamations et injures commises par la voie de la presse.* — I — *Auteurs principaux.* — L'art. 42 de notre loi est ainsi conçu : « Seront passibles, comme auteurs principaux, des peines qui constituent la répression des crimes et délits commis par la voie de la presse dans l'ordre ci-après, savoir : 1° les gérants ou éditeurs quelles que soient leurs professions ou leurs dénominations; 2° à leur défaut, les auteurs; 3° à défaut des auteurs, les imprimeurs; 4° à défaut des imprimeurs, les vendeurs, distributeurs ou afficheurs. »

On voit tout d'abord que, d'après ce texte, on ne peut pas poursuivre concurremment, comme auteurs principaux, tous ceux qui ont participé à une publication délictueuse. Ces divers agents sont classés par la loi suivant un ordre et une hiérarchie qu'il faut absolument respecter.

1° Au sommet de cette hiérarchie figure le gérant ou l'éditeur, *quel qu'il soit*. C'est là, en effet, l'auteur principal par excellence, celui qui est responsable avant tous les autres. Cette responsabilité du gérant n'est point une fiction, puisqu'il est en réalité le premier publicateur, le représentant de l'entreprise formée dans le but d'opérer des actes de publication, lorsqu'il n'en est pas lui-même le propriétaire unique. Dès lors, si les délits qui nous occupent consistent essentiellement dans la publication, il était rationnel de déclarer d'abord le gérant et l'éditeur responsables du contenu de chaque feuille ou livraison.

De ce principe que le délit consiste dans la publication, il faut tirer la conséquence que le gérant d'un journal ne serait point à l'abri des poursuites dirigées contre lui, par cette circonstance que l'article qui y donnerait lieu aurait été extrait d'un autre journal qui n'aurait pas été poursuivi. Si cependant le premier journal n'avait été l'objet d'aucune poursuite à raison du même article, il y aurait lieu, soit dans l'appréciation de la moralité du fait, soit dans l'application de la peine, de tenir compte de cette circonstance qui a pu faire penser au gérant du second journal qu'en le reproduisant il ne commettrait aucun délit.

2° Il est un autre personnage qui se trouve, dans tous les cas, exposé à des poursuites, soit comme auteur principal, soit comme complice; je veux parler de l'auteur ou du rédacteur de l'article incriminé. Dans l'ordre des auteurs principaux du délit, il vient en seconde ligne, et seulement lorsque le gérant ou l'éditeur, inconnu ou décédé, ne peut être lui-même mis en cause. Si le gérant ou l'éditeur est poursuivi principalement, l'auteur n'en devra pas moins être assigné comme complice, suivant les termes dé l'art. 43 de la loi de 1881. Cette sage disposition assure à la vindicte publique le moyen d'atteindre des personnes qui, la plupart du temps, sont beaucoup plus coupables que l'homme qui n'a été qu'un instrument machinal employé pour la publication. D'ailleurs, malgré les termes impératifs dont se sont servis les rédacteurs de la loi, il ne faut pas croire que la peine doive être dans tous les cas judaïquement appliquée et que la moralité du fait ne puisse pas être appréciée par les tribunaux. Dès qu'il s'agit de délit, l'intention domine complètement le fait, et c'est uniquement d'après la pensée de l'inculpé qu'il doit être jugé. Ainsi, nous avons dit tout à l'heure que le gérant, toujours principal responsable de la publication, devait en porter toutes les peines. Néanmoins, quand l'auteur de l'article est mis en cause, il peut arriver que le gérant ne soit pas autant puni que lui, s'il apparaît aux juges que la publication, quoique formant le corps du délit, n'a pas été faite avec une intention aussi coupable que celle de l'auteur. — A l'inverse, lorsque l'auteur parvient à prouver qu'il ne destinait pas son œuvre à la publicité, et que c'est à son insu ou malgré lui qu'elle a été publiée, nul doute qu'il ne doive être acquitté. Mais la présomption naturelle est qu'il a eu la publicité en vue, et si aucune circonstance contraire ne vient détruire cette présomption, il pourra, il devra même être condamné (1).

3° Après les gérants ou éditeurs, après les auteurs, et à défaut de ces deux premières catégories d'agents responsables, l'art. 42 déclare que les imprimeurs seront poursuivis comme auteurs principaux, à raison des publications diffamatoires auxquelles ils auront participé.

---

(1) Chassan, t. I. p. 141 — Cass., 29 mars 1844.

L'art. 77 de l'ordonnance de Moulins réputait, dans tous les cas, l'imprimeur coauteur. Il en était de même dans le droit romain à l'égard du scribe ou copiste (1). Malgré ces précédents, lors de la discussion des lois de 1819, on résolut d'accorder certaines garanties aux imprimeurs, et l'art. 24 de la loi du 17 mai édicta que les imprimeurs d'écrits dont les auteurs seraient mis en jugement, et qui auraient rempli les obligations que la loi leur imposait à raison de leur profession, ne pourraient être recherchés pour le fait d'impression de ces écrits, à moins qu'ils n'eussent agi sciemment, ainsi qu'il est dit à l'art. 60 du Code pénal qui définit la complicité.

Le législateur de 1881 s'est évidemment inspiré des mêmes dispositions. Il déclare, en effet, dans l'art. 43, § 2, que la complicité, en ce qui concerne les imprimeurs, ne pourra résulter de faits d'impression, et qu'elle ne sera établie contre eux que si elle présente les caractères indiqués par l'art. 60 du Code pénal. Mais s'il faut que l'imprimeur ait agi sciemment pour que l'on puisse le poursuivre comme complice, à plus forte raison doit-il en être de même lorsqu'on l'actionne comme auteur principal. Voyons donc à quelles conditions il sera censé avoir concouru *sciemment* au délit que renferme l'écrit sorti de ses presses. Suffira-t-il qu'il l'ait lu? S'il en est ainsi, la responsabilité de l'imprimeur sera la règle et non l'exception, car il est obligé pour vérifier l'exactitude de l'impression, de corriger les épreuves, conséquemment de lire l'ouvrage. Ce n'est donc pas assez. Il faut pour faire prononcer sa condamnation que le ministère public prouve, par les circonstances particulières de la cause, que l'imprimeur

______

(1) **Dig.**, liv. 47, tit. 10, 1. 5, § 9.

n'a point été un instrument passif, et qu'il a entendu prêter son concours à une œuvre contraire aux lois et dommageable à autrui. La Cour de Riom, dans un arrêt du 3 mai 1843, avait jugé, en ce sens, qu'il ne suffit pas que l'imprimeur d'un journal ait eu matériellement connaissance d'un article inséré dans ce journal et par lequel un tiers prétend avoir été diffamé, pour que cet imprimeur puisse être réputé auteur ou complice du délit de diffamation, si d'ailleurs il est établi qu'il a agi sans intention criminelle. Cette décision serait encore exacte aujourd'hui.

4° La vente, la distribution et l'affichage sont des actes qui constituent par eux-mêmes des faits de publication; les personnes qui les accomplissent peuvent être par conséquent considérées comme auteurs principaux. Toutefois, il fallait avoir égard à l'ignorance, à la situation précaire de ces agents subalternes que l'on ne saurait, en bonne justice, établir censeurs des écrits qu'ils mettent en circulation. Le législateur l'a compris : d'après l'art. 42 de la loi de 1881, les vendeurs, distributeurs ou afficheurs ne seront poursuivis comme auteurs principaux que dans des cas tout à fait exceptionnels et seulement lorsqu'on ne pourra mettre en cause ni les gérants ou éditeurs, ni les auteurs, ni les imprimeurs.

II — *Complices.* — L'art. 43 de notre loi maintient au fond les règles du droit commun relativement à la complicité. Il n'y apporte qu'une seule exception : l'art. 60 du Code pénal ne pourra s'appliquer aux imprimeurs pour faits d'impression, sauf dans le cas et les conditions prévus par l'art. 6 de la loi du 7 juin 1848 sur les attroupements. Au surplus, nous devons faire remarquer que, suivant une jurisprudence constante, on peut être puni comme complice, bien qu'il n'y ait pas de condamnation prononcée contre l'auteur principal du fait pour lequel la complicité existe.

§ 4. — *De la comparution en justice.*

Art. 1ᵉʳ. — *De quelques règles particulières.* —
I — Il résulte des termes de l'art. 185 du Code d'ins-truction criminelle que dans tous les cas où le délit imputé au prévenu entraîne la peine d'emprisonnement, la comparution *personnelle* est *forcée*. Cependant, d'après l'art. 19 de la loi du 26 mai 1819, le prévenu d'un délit de publication était admis, sans distinction, à se faire repré-senter devant les tribunaux par un fondé de pouvoirs. Supprimée par la loi du 8 avril 1831, rétablie ensuite par l'art. 25 de la loi du 9 septembre 1835, cette faculté n'est plus désormais accordée au prévenu. L'art. 60 de la loi du 29 juillet 1881 n'a apporté, en effet, aucune modifi-cation à la règle énoncée dans l'art. 185 du Code d'ins-truction criminelle. Par suite, la diffamation et l'injure publiques envers les particuliers donnant lieu à une peine d'emprisonnement, l'inculpé qui bien que régulièrement assigné, ne comparaîtra pas en personne, pourra être condamné par défaut.

II — Dans tous les cas, la preuve de la culpabilité de l'intention du prévenu est à la charge de la partie pour-suivante. Cette preuve peut être puisée soit dans l'ensemble du discours ou de l'écrit, soit dans les circonstances qui ont accompagné sa publication, soit même dans des faits antérieurs ou postérieurs personnels à l'inculpé. Le juge ou la partie civile peuvent d'ailleurs, s'ils ont foi en la loyauté du prévenu, s'en référer à sa déclaration touchant l'intention dans laquelle il a agi. C'est ainsi qu'en 1835, dans l'affaire de M. de Conny, le ministère public près la Cour de Paris, après s'être déclaré prêt à se désister des poursuites si le prévenu reniait l'intention qui paraissait résulter de son écrit, se désista en effet, sur la déclaration de M. de Conny que l'imputation incriminée comme une offense au roi ne s'adressait point à celui-ci (1).

III — Quant au prévenu, il n'est pas admis, en principe, à faire, à l'encontre des particuliers, la preuve des faits diffamatoires. Il peut seulement, lorsque ces faits sont punissables, les dénoncer au ministère public et requérir qu'il soit sursis à la poursuite et au jugement de son affaire, durant l'instruction qui devra avoir lieu. Enfin, il peut invoquer toutes exceptions tendant à faire déclarer l'action inadmissible (2).

Art. 2. — *Des peines prononcées contre les délits de diffamation et d'injure envers les particuliers.* — Dans le système de la loi du 17 mai 1819, la diffamation publique envers les particuliers était punie d'un emprisonnement de *cinq jours à un an* et d'une amende de vingt-cinq francs à deux mille francs, ou de l'une de ces deux peines seulement, selon les circonstances. — L'injure publique envers les mêmes personnes était punie dans tous les cas d'une *simple amende* qui pouvait varier de seize francs à cinq cents francs (art. 19).

Le législateur de 1881 a modifié ces dispositions. D'après l'art. 32, § 1, la diffamation est passible d'un emprisonnement *de cinq jours à six mois* et d'une amende de vingt-cinq francs à deux mille francs ou de l'une de ces deux peines seulement. — Quant à l'injure publique, elle

(1) Chassan, t. I, p. 26.
(2) Voyez *infra*, pp. 242 et suiv.

peut être punie désormais *d'un emprisonnement de cinq jours à deux mois* et d'une amende de seize francs à trois cents francs ou de l'une de ces deux peines seulement.

On voit, par le rapprochement des textes, que la loi nouvelle a réduit dans une assez large mesure le maximum des peines édictées contre la diffamation, tandis qu'elle a aggravé notablement les peines applicables au délit d'injure.

L'art. 63, § 1, de notre loi, consacre aussi une innovation remarquable par rapport aux lois antérieures, lorsqu'il dispose « que l'aggravation des peines résultant de la récidive ne sera pas applicable aux infractions prévues par la présente loi (1). »

D'un autre côté, s'il n'est pas permis aux juges d'aggraver, à raison de la récidive, les peines portées contre les délinquants, ils auront au contraire à rechercher s'il n'existe pas en faveur de ceux-ci des circonstances atténuantes. L'art. 463 du Code pénal est en effet applicable dans tous les cas prévus par la loi du 29 juillet 1881. Lorsqu'il y aura lieu de faire cette application, la peine prononcée ne pourra excéder la moitié de la peine édictée par la loi (art. 64) (2).

Enfin, l'art. 63, § 2, proclame, en matière de délits de la parole ou de la presse, le principe de l'art. 365 du Code d'instruction criminelle. En cas de conviction de plusieurs crimes ou délits, les peines ne se cumuleront pas et la peine la plus forte sera seule prononcée.

---

(1) Cf. art. 25, 1. 17 mai 1819 — art. 10, 1. 9 juin 1819 — art. 14, 1. 18 juillet 1828.

(2) Cf. art. 14, 1. 25 mars 1822 — art. 23, 1. 27 juillet 1849 — art. 15, 1. 11 mai 1868.

SECTION II.

De l'action civile.

Toute personne lésée par un délit est fondée à poursuivre, au moyen de l'action civile, la réparation du dommage qu'elle peut avoir éprouvé.

L'action civile est entièrement distincte de l'action publique; elle n'est exercée ni dans le même intérêt, ni par les mêmes personnes que celle-ci; elle jouit par conséquent, à l'égard de l'action publique, d'une indépendance absolue. La partie à laquelle elle appartient peut en disposer librement et en faire, suivant son bon plaisir, l'objet d'une transaction, d'un désistement ou d'une renonciation.

Nous avons exposé ailleurs les rapports des parties lésées avec l'action publique et l'espèce de participation qu'elles prennent non point à l'exercice même, mais à la mise en mouvement de cette action. Il faut maintenant considérer ces parties dans leurs rapports avec l'action civile elle-même. Du reste, comme il ne saurait entrer dans notre pensée de faire sur ce point une théorie complète de l'action civile, nous nous bornerons à mettre en lumière certains points sur lesquels la loi de 1881 a dérogé aux règles ordinaires du Code d'instruction criminelle.

§ 1. — *Qui peut intenter l'action civile.*

L'art. 63 du Code d'instruction criminelle s'exprime ainsi : « Toute personne qui se prétendra lésée par un crime ou délit pourra en rendre plainte et se porter partie civile. » D'un autre côté, l'art. 1ᵉʳ formule cette règle qui est le complément de la précédente : « L'action en réparation du dommage causé par un crime, par un délit ou par une contravention, peut être exercée par tous ceux qui ont souffert de ce dommage. »

Il résulte du rapprochement et de la combinaison de ces deux textes que les conditions requises pour se constituer partie civile sont les mêmes que celles exigées pour porter plainte. Nous ne pouvons dès lors que nous en référer, à cet égard, aux explications que nous avons déjà fournies (1).

Une observation pourtant doit être faite ici. Nous avons admis plus haut que toute personne diffamée ou injuriée qui ne se porte pas partie civile peut, malgré son incapacité, déposer la plainte prescrite par l'art. 60-1° de la loi de 1881, sans avoir besoin pour cela de recourir à aucune autorisation. Mais il est incontestable que pour être admis à agir *comme partie civile*, il faut avoir l'exercice de ses droits, et par conséquent la capacité d'ester en justice. Ainsi, ne peuvent se porter partie civile :

1° Le mineur, s'il n'est représenté par son père ou par son tuteur, excepté lorsqu'il est émancipé ;

2° L'interdit, sans le concours de son tuteur ;

3° La femme mariée, sans l'autorisation de son mari ou de justice.

Quant à l'étranger non autorisé à jouir des droits civils en France, il est recevable à poursuivre la réparation du délit commis à son préjudice, mais à la condition, si le prévenu le requiert, de donner la caution *judicatum solvi*, soit qu'il intente son action séparément de l'action publique, soit qu'il la joigne à celle-ci.

(1) Voyez *supra*, pp. 209 et suiv.

Les héritiers de la personne diffamée peuvent-ils, après son décès, exercer en son nom l'action civile? Il faut distinguer. — Lorsque la partie offensée a déjà introduit de son vivant l'action en réparation d'injures, cette action passe aux héritiers. Telle était la solution admise par le droit romain et suivie sous l'ancienne jurisprudence française; elle est la même sous la législation actuelle (1).

— Mais l'héritier de celui qui a été diffamé ou injurié peut-il intenter une action civile de ce chef, lorsque son auteur ne l'a pas exercée avant de mourir? Nous tenons ici pour la négative. En principe, l'action en réparation de la diffamation ou de l'injure qui n'a point été exercée par le défunt s'éteint avec lui. Les héritiers ne pourraient agir en justice à raison de ce fait, qu'autant qu'il y aurait pour eux *dommage direct, particulier et réel* (2). S'ils n'ont pas été atteints, ils n'ont point qualité pour demander une réparation. Puisque de son vivant la personne diffamée ou injuriée n'a pas porté plainte, on peut présumer qu'elle a voulu couvrir de son oubli ou de son pardon le fait qui lui donnait le droit d'agir. C'est la crainte d'aller contre ses intentions, d'appeler une imprudente et dangereuse publicité sur des actes personnels au défunt, publicité qu'il avait voulu sans doute éviter à en juger par son silence, c'est cette crainte, disons-nous, qui doit faire écarter l'action des héritiers.

Ne trouve-t-on pas d'ailleurs une application précise de cette doctrine dans l'art. 34 de la loi de 1881, qui n'autorise la poursuite des diffamations ou injures dirigées contre la mémoire des morts, que dans les cas où les

(1) Montpellier, 22 décembre 1825.
(2) Chassan, t. II, p. 75 — *Contra,* Nangin, t. I, p. 267.

auteurs de ces diffamations ou injures auraient eu l'intention de porter atteinte à l'honneur ou à la considération des héritiers vivants?

§ 2. — *Devant quels tribunaux doit être portée l'action civile ?*

Aux termes de l'art. 3 du Code d'instruction criminelle, l'action civile peut être poursuivie en même temps et devant les mêmes juges que l'action publique ; elle peut l'être aussi séparément. En vertu de ce principe, la partie lésée a le droit de porter son action soit devant la juridiction répressive, soit devant la juridiction civile : la loi lui laisse l'option.

ART. 1er. — *L'action civile est portée devant le tribunal correctionnel.* — Comment le tribunal correctionnel est-il saisi de l'action de la partie civile? Deux hypothèses peuvent se présenter.

A — Le parquet n'a pas cru devoir mettre en mouvement l'action publique. — Les délits de diffamation et d'injure envers les particuliers n'intéressent le plus souvent que la partie lésée, sans porter atteinte à l'ordre public. Dans ces conditions, le procureur de la République ne peut être tenu d'une manière absolue de poursuivre ; il doit laisser le soin de la poursuite à la personne diffamée. Celle-ci peut saisir alors directement le tribunal correctionnel de son action par une citation qu'elle adresse à l'inculpé suivant la forme particulière et dans les délais prescrits par l'art. 60 de la loi du 29 juillet 1881. Cette citation devra donc préciser et qualifier le fait incriminé, et indiquer le texte de loi applicable à la poursuite, le tout à peine de nullité de ladite poursuite (1).

(1) Voyez *supra*, pp. 216 et suiv.

La loi permet encore à la partie offensée de provoquer elle-même une information préalable du juge d'instruction. L'art. 63 du Code d'instruction criminelle donne en effet à toute personne, qui se prétend lésée par un crime ou par un délit, le droit de rendre plainte et de se constituer partie civile devant le juge d'instruction. Mais cette procédure n'est jamais suivie dans la pratique.

B — Le ministère public a pris l'initiative des poursuites. — La partie lésée peut, en tout état de cause et jusqu'à la clôture des débats, intervenir dans ces poursuites en se constituant partie civile (art. 67, C. instr. crim.).

Mais en pareil cas, l'acte de constitution est-il assujetti aux formes rigoureuses prescrites par les art. 48 et 60-3° de la loi de 1881? Nous ne le pensons pas. Du moment où il a été satisfait au vœu de la loi par l'articulation et la qualification des faits dans le réquisitoire du ministère public, il est inutile que la partie lésée vienne à son tour articuler et qualifier les mêmes faits. L'action est engagée; le prévenu sait sur quels faits elle porte; une articulation et une qualification nouvelles seraient sans objet.

ART. 2. — *L'action civile est portée devant les tribunaux civils.* — A cet égard, la loi du 29 juillet 1881, qui n'est en définitive qu'une loi pénale, n'a apporté aucun changement aux dispositions du droit commun.

Cependant il est un point sur lequel nous croyons devoir appeler particulièrement l'attention. Nous avons vu qu'aux termes de l'art. 35 de notre loi, nul n'est admis à établir contre les simples particuliers la vérité des faits diffamatoires. Or, les règles que pose l'art. 35 ne s'étendent pas au delà des limites qu'elles reçoivent de la loi à laquelle cet article appartient, c'est-à-dire qu'elles sont restreintes aux cas où il s'agit de la poursuite d'un délit et par conséquent à l'action portée devant les tribunaux de répression. Alors l'art. 35 reçoit son application, soit que le ministère public poursuive sur la plainte ou sur la dénonciation de la partie lésée, soit que celle-ci ait saisi elle-même, dans les cas où elle est recevable à le faire, la juridiction répressive. Mais lorsque le tribunal de répression n'est point saisi, lorsque la partie s'est adressée aux tribunaux civils pour demander la réparation du dommage qu'elle a souffert, ces tribunaux dans l'appréciation et la preuve des faits ne sont soumis qu'aux règles du droit commun qui leur sont propres, d'après les principes généraux du droit civil, et ils ne peuvent être liés par une loi de procédure criminelle. Dans ce cas, la preuve de la vérité des faits diffamatoires sera toujours admise, sauf la preuve contraire; elle pourra être faite même par témoins, aux termes de l'art. 1348 du Code civil. La loi ne voit alors que le dommage causé par l'imputation, et elle admet la preuve pour ou contre le dommage et sa quotité.

Cette doctrine, qui avait prévalu sous l'empire des lois de 1819, doit être encore suivie aujourd'hui, ainsi que cela résulte des déclarations faites par M. Lelièvre à la Chambre des députés, lors de la discussion de la loi sur la presse (1).

Quel est le tribunal civil compétent pour statuer sur la demande de la partie lésée? — La réponse à cette question se trouve dans l'art. 5, § 5, de la loi du 25 mai 1838. D'après ce texte, les juges de paix connaissent sans appel jusqu'à la valeur de cent francs, et à charge d'appel, à quelque valeur que la demande puisse s'élever :

(1) *Journal officiel*, 16 février 1881.

1° Des actions civiles pour *diffamation* VERBALE;

2° Des actions civiles pour *injures publiques ou non publiques, verbales ou par écrit,* AUTREMENT QUE PAR LA VOIE DE LA PRESSE.

S'il s'agit d'une diffamation ÉCRITE, commise d'une manière quelconque, ou bien d'une injure publique COMMISE PAR LA VOIE DE LA PRESSE, le juge de paix ne sera plus compétent que dans les limites fixées par l'art. 1er de la loi du 25 mai 1838. Il faudra donc pour cela que l'individu qui se prétend diffamé ou injurié réduise son action à 100 fr. ou à 200 fr. Si la demande excède ce chiffre, elle devra être portée devant le tribunal civil de première instance de l'arrondissement. — Enfin, au point de vue de la compétence territoriale, l'art. 12 de la loi du 26 mai 1819 ayant été abrogé par la loi de 1881, il faut se conformer aujourd'hui aux règles du droit commun, et appliquer, dans tous les cas, la maxime : *Actor sequitur forum rei.*

§ 3. — *Contre qui peut être intentée l'action civile?*

La partie lésée est maîtresse de son action; elle peut l'intenter comme bon lui semble et la restreindre à telles ou telles personnes. Rien ne l'oblige à suivre dans l'exercice de ses poursuites l'ordre établi par l'art. 42 de la loi de 1881; ce texte, en effet, se rapporte uniquement à l'action publique. La partie civile pourra par conséquent agir soit contre tous les auteurs et complices de la diffamation ou de l'injure, soit contre l'un quelconque d'entre eux.

Une difficulté s'est présentée à cet égard. Je suppose, par exemple, que la partie civile ait agi seulement contre l'auteur de l'article diffamatoire; cet individu, une fois condamné à des dommages-intérêts, aura-t-il un recours contre l'éditeur du journal qui l'a publié pour la répétition de ces dommages, sous prétexte que c'est la publication qui seule a déterminé les poursuites.? En aucune façon. De cela seul que l'auteur d'un article de journal est condamné, il suit que le jugement de condamnation l'a explicitement ou implicitement déclaré complice de la publication, et dès lors, il ne peut à aucun titre demander devant les tribunaux civils à être relevé des conséquences d'un fait auquel il a participé. — A plus forte raison, le gérant d'un journal condamné ne pourrait exercer aucun recours contre l'auteur de l'article qu'il aurait publié, puisque en sa qualité de publicateur, il aurait à s'imputer le fait principal qui a donné lieu à sa condamnation (1).

Quant à la partie civile, la loi de 1881 lui accorde une garantie spéciale en lui permettant d'appeler en cause comme civilement responsables les propriétaires des journaux ou écrits périodiques. En effet, aux termes de l'art. 44, ces propriétaires sont responsables des condamnations pécuniaires prononcées au profit des tiers contre les auteurs ou les complices du délit, conformément aux dispositions des art. 1382, 1383 et 1384 du Code civil. La nouvelle loi, tout en supprimant le cautionnement, n'a pas cru pouvoir laisser à l'abri de toutes recherches le propriétaire ou les propriétaires du journal condamné. Il s'agit ici, d'ailleurs, de la responsabilité purement civile qui ne s'entend pas des amendes et ne peut être admise que relativement aux dommages-intérêts. De sorte que devant les tribunaux civils la partie lésée aurait le droit d'agir uniquement contre les propriétaires responsables, en laissant de côté les auteurs du délit. Au contraire,

____

(1) **De Grattier**, t. II, p. 176.

l'action ne pourrait être formée devant les tribunaux de répression exclusivement contre les propriétaires; on serait tenu de mettre en cause les auteurs où complices de la diffamation ou de l'injure, puisque l'action publique ne peut être exercée que contre ceux-ci.

En matière de diffamation et d'injure, comme en toute autre matière, l'action publique s'éteint par la mort du coupable; mais l'action civile peut être poursuivie contre ses héritiers ou représentants, suivant le principe édicté par l'art. 2 du Code d'instruction criminelle.

Signalons enfin une dernière question. Lorsque l'imputation d'un fait de nature à porter atteinte à l'honneur ou à la considération d'une personne n'a pas été dictée par l'intention de nuire, cette personne peut-elle néanmoins intenter devant les tribunaux civils, contre l'auteur de l'imputation, une action en réparation du dommage qui lui a été causé? L'affirmative ne paraît pas douteuse, d'après les termes de l'art. 1382 du Code civil qui, sans distinction aucune, veut que tout fait quelconque de l'homme qui cause un dommage à autrui, oblige celui par la faute duquel il est arrivé, à le réparer.

§ 4. — *Des dommages-intérêts.*

La loi nouvelle, non plus que la législation antérieure, n'a pas entendu fixer le chiffre des dommages-intérêts qu'il convient d'allouer aux parties lésées. Elle s'en rapporte à cet égard à la sagesse des tribunaux. Toutefois lorsqu'ils auront à statuer sur des demandes de cette nature, les magistrats pourront se rappeler le conseil que leur adressait M. le Garde des sceaux dans sa circulaire du 4 juin 1868. « On a souvent regretté, disait le ministre, la parcimonie avec laquelle les tribunaux accordent les dommages-intérêts, réparation si légitime du préjudice causé. C'est décourager la partie civile qui, à tous les degrés de juridiction, a exposé des dépenses toujours trop considérables pour la victime d'une agression; c'est favoriser la profession d'insulteur public. Si les magistrats entraient résolument dans cette voie, où les tribunaux anglais les ont précédés avec un succès évident, cette simple réforme de nos mœurs judiciaires aurait des conséquences morales incalculables. »

Rappelons aussi que le condamné pour délit de diffamation et d'injure peut encore aujourd'hui être soumis à la contrainte par corps. En effet, la loi du 22 juillet 1867 a laissé subsister ce moyen de coercition pour le payement des amendes et aussi des dommages-intérêts prononcés pour la réparation de crimes, délits ou contraventions.

§ 5. — *Du droit de réponse.*

Indépendamment de l'action civile que la partie lésée peut exercer suivant les règles que nous venons d'étudier, toute personne nommée ou désignée dans un écrit périodique a le droit d'y faire insérer une réponse rectificative ou explicative (art. 13, l. 29 juillet 1881).

Ce droit de réponse a été proclamé pour la première fois dans la loi du 25 mars 1822 (art. 11), dans le but de mettre un frein aux écarts de la presse périodique. L'expérience a justifié, en effet, qu'il offrait une garantie efficace aux citoyens, et souvent ils ont jugé suffisante la réparation qu'il leur permettait d'obtenir, sans recourir aux tribunaux pour faire punir les auteurs des délits commis envers eux par la voie des journaux. Sous ce double rapport, la disposition de l'art. 13 est donc morale, puisqu'elle offre tout à la fois aux citoyens les moyens d'obtenir satisfaction et qu'elle a pour résultat de prévenir des procès.

Le droit de réponse appartient à *toute personne* nommée ou désignée dans le journal ou écrit périodique. Ces termes sont généraux et absolus; ils comprennent aussi bien les simples particuliers que les fonctionnaires publics. Remarquons en outre que la loi n'a pas restreint ce droit à toute personne *nommée,* elle a voulu qu'il appartînt encore à toute personne *désignée.* S'il avait fallu nécessairement que la personne fût nommée, il eût été facile d'éluder cette disposition. Nous avons d'ailleurs déjà vu que la diffamation peut être commise envers une personne qui, sans avoir été nommée, a été seulement désignée. Le droit de réponse devait, à plus forte raison, exister dans le même cas.

On conçoit cependant que la loi, en voulant que toute personne nommée ou désignée dans un journal ou écrit périodique pût y faire insérer sa réponse, n'ait point entendu créer un droit exorbitant ni déroger à ce principe général que l'intérêt est la mesure des actions. Le mot *réponse* indique par lui-même que le droit qui y est attaché doit avoir pour base une cause qui en motive l'exercice. Il faut donc que la personne qui veut l'exercer ait un intérêt à le faire. Cet intérêt, dont l'appréciation est laissée aux tribunaux, doit être sérieux et légitime. Mais dès qu'il réunit ces caractères, il importe peu qu'il touche à la considération de la personne, à son honneur ou à sa fortune. Le droit de réponse ne nous paraît même pas tellement inhérent à la personne nommée ou dé-

signée, qu'il ne puisse être exercé par ses représentants
ou par ses héritiers lorsqu'ils ont eux-mêmes intérêt à le
faire. Les principes que nous avons posés en matière de
diffamation reçoivent ici leur application.

L'obligation d'insérer la réponse est imposée au gérant
sous peine d'une amende de cinquante à cinq cents francs.
Il ne pourrait s'y soustraire en alléguant de vains pré-
textes, en prétendant par exemple que la réponse aurait
déjà été entièrement publiée dans d'autres journaux. Mais
la réponse doit se renfermer dans l'examen et la réfuta-
tion de l'article dont on croit devoir se plaindre. C'est
avec raison que le gérant en refuserait l'insertion si elle
sortait de ces termes, et par conséquent si elle était offensante pour lui ou pour les rédacteurs du journal. Si cependant quelques passages seulement de la réponse étaient
injurieux et si la totalité n'était pas offensante, le gérant
devrait publier la réponse en retranchant cette partie.

L'insertion doit être faite à la même place et en mêmes
caractères que l'article qui l'aura provoquée. Elle sera
gratuite lorsque les réponses ne dépasseront pas le
double de la longueur dudit article. Si elles le dépassent,
le prix d'insertion sera dû pour le surplus seulement; il
sera calculé au prix des annonces judiciaires.

Le législateur a compris qu'il était nécessaire de fixer
un délai dans lequel l'obligation devrait être exécutée.
D'après l'art. 13, les réponses doivent être insérées dans
les trois jours de leur réception ou dans le plus prochain
numéro, s'il n'en était pas publié avant les trois jours.
Quant à la date de la réception, elle pourra être constatée
par tous les moyens de preuve admis en matière criminelle
et même par la preuve testimoniale. La loi n'ayant point
restreint la preuve à un mode spécial et n'ayant d'ailleurs

16

déterminé aucune forme à l'envoi ou à la remise de la réponse, elle n'a point dérogé au droit commun. On conçoit cependant qu'il sera prudent de retirer un reçu du directeur ou gérant du journal ou de notifier la réponse par un acte d'huissier.

Notre texte, en consacrant le droit de réponse, ajoute : « Sans préjudice des autres peines et dommages-intérêts auxquels l'article pourrait donner lieu. » L'insertion ne pouvait en effet affranchir le rédacteur ou le gérant de la responsabilité de l'article, car la loi aurait manqué son but. Elle a ouvert deux voies formelles, l'une à fin d'insertion de la réponse, l'autre à fin de répression du délit devant les tribunaux criminels ou à fin de réparation du dommage causé, soit devant ces mêmes tribunaux, soit devant les tribunaux civils. L'exercice du droit de réponse n'est point un obstacle à celui de l'action en répression du délit commis ou du dommage causé.

SECTION III.

Des exceptions.

Nous avons fait connaître, dans le cours de notre travail, les principales exceptions se rattachant aux formalités de procédure et aux règles de la compétence; nous avons dit aussi dans quels cas et dans quelle mesure le prévenu pouvait invoquer comme excuse sa bonne foi ou la provocation dont il a été l'objet. Il est inutile de reproduire les développements que nous avons donnés sur ces différents points. Nous ne parlerons pas davantage de l'exception de la chose jugée qui est soumise, en notre matière, aux principes du droit commun. Nous nous bornerons simplement à étudier : 1° l'exception dilatoire établie par l'art. 35, § 4, de la loi de 1881 ; — 2° la renonciation à l'action ; — 3° la prescription ; — 4° l'amnistie.

§ 1. — *Sursis aux poursuites.*

Aux termes de l'art. 35, § 4, de la loi du 29 juillet 1881, lorsque le fait imputé est l'objet de poursuites commencées à la requête du ministère public ou d'une plainte de la part du prévenu, il sera, durant l'instruction qui devra avoir lieu, sursis à la poursuite et au jugement du délit de diffamation.

Déjà, sous le Code du 3 brumaire an IV, la jurisprudence avait décidé que l'action en calomnie ou en diffamation se trouvait suspendue par la poursuite relative aux faits imputés au plaignant. Le Code pénal de 1810 confirma cette règle en disposant (art. 372) que lorsque les faits imputés seraient punissables suivant la loi et que l'auteur de l'imputation les aurait dénoncés, il serait durant l'instruction de ces faits sursis à la poursuite et au jugement du délit de calomnie. — L'art. 25 de la loi du 26 mai 1819, en appliquant à la diffamation le principe consacré par l'art. 372 du Code pénal, n'y introduisit qu'une modification résultant de ce que l'action en diffamation serait suspendue, non seulement par la dénonciation de l'auteur de l'imputation prétendue calomnieuse, mais aussi à raison des poursuites commencées par le ministère public. D'ailleurs, suivant l'art. 25 de la loi de 1819, comme d'après l'art. 372 du Code pénal, le sursis dépendait de deux conditions : la première, c'était que les faits imputés fussent *punissables;* la seconde, qu'il y eût des poursuites commencées à la requête du ministère public ou que l'auteur de l'imputation eût dénoncé les faits qui en étaient l'objet.

Le législateur de 1881, tout en modifiant les termes de cette disposition, en a reproduit néanmoins l'idée essentielle. A la vérité, il n'exige plus en termes formels la première condition, à savoir que les faits imputés soient punissables. Mais cette condition ne résulte-t-elle pas clairement de l'ensemble de notre article? Il suffit de le lire pour voir immédiatement que les faits dont il s'agit doivent être tels qu'ils puissent motiver les poursuites du ministère public, ou tout au moins nécessiter une information. C'est dire d'une manière implicite que ces faits doivent être de nature à provoquer l'action publique, et partant qu'ils doivent être punissables.

Du moment où les poursuites judiciaires ont été commencées par le ministère public, le sursis doit toujours être ordonné. Le tribunal ne peut le refuser sous quelque prétexte que ce soit.

Mais s'il y a eu simplement plainte de la part de l'auteur de l'imputation, le tribunal sera investi d'un droit d'examen par rapport au mérite de cette plainte et à la gravité des faits qu'elle dénonce. Lorsqu'il apparaîtra que les faits ne peuvent donner lieu à aucune action, soit parce que l'action est prescrite, soit parce qu'elle est couverte par une amnistie, soit par toute autre cause, les tribunaux pourront ne tenir aucun compte de la demande de sursis.

Si au contraire ils admettent la plainte comme sérieuse et fondée, et prononcent le sursis, le jugement qui intervient en ce sens *oblige-t-il* le procureur de la République à requérir une information? L'affirmative résulte, suivant nous, des termes impératifs de l'art. 35, § 4 : « *Il sera,* durant l'instruction qui *devra* avoir lieu, sursis à la poursuite et au jugement. » Ce texte fait évidemment exception à la règle générale que l'action du ministère public n'est point forcée. L'information que la loi exige, en pareil cas, est un moyen d'instruction pour le jugement même de la plainte en diffamation ; il ne peut dépendre du ministère public d'en priver les parties. Enfin cette exception se justifie pleinement si l'on considère que la preuve des faits diffamatoires étant prohibée, le prévenu se trouverait sans défense s'il n'avait pas la faculté de les dénoncer et d'appeler l'œil de la justice sur leur existence, alors que ces faits ont le caractère de crime ou de délit, et qu'il agit dans l'intérêt de l'ordre public.

Dans tous les cas, la plainte ayant pour but de provoquer l'action publique, il est indispensable qu'elle soit adressée à un officier de police judiciaire, puisque les officiers de police judiciaire ont seuls qualité et sont institués pour recevoir les dénonciations des faits qualifiés crimes ou délits (art. 31 et 48, C. instr. crim.) Il faut aussi que celui qui la fait se porte dénonciateur d'une manière expresse et à ses risques et périls. S'il n'est pas ordonné que la plainte ou la dénonciation soit revêtue de toutes les formes exigées par l'art. 31 du Code d'instruction criminelle, il faut au moins qu'elle soit susceptible de donner ouverture contre son auteur, dans le cas où il aurait agi de mauvaise foi, à une action en dénonciation calomnieuse et à l'application des peines établies pour ce délit ; c'est-à-dire, d'après l'art. 373 du Code pénal, qu'elle soit faite par écrit et non verbalement, ou qu'il en soit demandé acte et dressé procès-verbal ; qu'elle soit enfin signée par son auteur, à moins qu'une cause indépendante de sa volonté ne l'ait empêché de la signer.

Lorsque le sursis ayant été prononcé, l'action dirigée

contre celui qui aurait commis les faits imputés a été vidée, le sursis cesse, et l'action en diffamation reprend son cours dans la forme ordinaire, sauf à tirer telles conséquences que de droit des résultats de la poursuite à laquelle les faits imputés ont donné lieu. Si cette poursuite a été suivie d'une condamnation, son effet réagira sur l'action en diffamation et fera disparaître le délit, puisque, en les signalant à l'opinion publique, le prévenu n'avait fait qu'une chose louable et utile à la société. Si, au contraire, elle n'a été suivie d'aucune condamnation, les imputations doivent être appréciées pour savoir si elles constituent le délit de diffamation ou d'injure, de la même manière que s'il n'y avait point eu de sursis ni de poursuites à raison de faits imputés contre le plaignant.

§ 2. — *De la renonciation à l'action.*

La renonciation ou le pardon consenti par la personne outragée fait disparaître le délit et met obstacle non seulement à l'exercice de l'action civile, mais encore aux poursuites du ministère public (arg. art. 60, alinéa 6). Le pardon peut être exprès ou tacite et résulter alors des circonstances. L'appréciation de ces circonstances est laissée au juge. Les interprètes du droit romain considéraient le fait d'avoir bu, mangé ou joué avec celui par qui on avait été offensé, comme une preuve de la remise de l'offense; il en était de même du fait d'avoir conversé avec lui ou de lui avoir pris familièrement la main. Mais il fallait aussi, suivant eux, que ces actes ne fussent pas commandés par les bienséances et qu'ils fussent l'effet d'un sentiment spontané et purement volontaire. Ainsi, la circonstance qu'invités dans la même maison, l'offenseur et l'offensé auraient dîné à la même table, ne serait pas une preuve de la rémission de l'offense.

§ 3. — *De la prescription.*

En matière criminelle, on distingue deux sortes de prescriptions : la prescription des actions et la prescription des peines. Le législateur de 1881, comme celui de 1819, n'a disposé qu'à l'égard de la prescription des actions. Il a laissé soumise à toutes les règles du droit commun tracées par le Code d'instruction criminelle, la prescription des peines dont, par cette raison, nous ne nous occuperons point ici.

Les art. 637, 638 et 640 du Code d'instruction criminelle avaient fixé le même délai de prescription pour l'action publique et pour l'action civile. Ce délai était de dix ans pour les actions résultant d'un crime, de trois ans, pour celles résultant d'un délit, et d'un an pour les actions résultant d'une contravention de simple police.

L'art. 29 de la loi du 26 mai 1819 modifia ces dispositions en réduisant à six mois la durée de l'action publique contre les crimes et délits commis par la voie de la presse ou par tout autre moyen de publication. Quant à l'action civile, elle continua à se prescrire d'après les délais fixés par le Code de 1810.

Cet état de choses fut abrogé par l'art. 27 du décret du 17 février 1852, aux termes duquel les poursuites devaient avoir lieu dans les formes et *délais* prescrits par le Code d'instruction criminelle.

Enfin les rédacteurs de la loi du 29 juillet 1881 ont pensé qu'il fallait ramener les délais de la prescription dans des limites plus étroites, et ils ont établi pour l'action civile comme pour l'action publique une prescription de trois mois (art. 65). C'est qu'en effet ces délits de la parole et de la presse, commis avec publicité, qui n'existent que par leur publicité même, doivent être aussitôt aperçus et poursuivis. Il faut que leurs effets soient rapprochés de leur cause, car il serait injuste, après un long intervalle, de punir une publication à raison de tous ses effets possibles même les plus éloignés, lorsque la disposition toute nouvelle des esprits peut changer du tout au tout les impressions que l'auteur lui-même se serait proposé de produire dans l'origine, lorsque enfin le long silence de l'autorité et des parties intéressées élève une présomption si forte contre la criminalité de la publication.

De droit commun, la prescription commence à courir du jour où le crime ou le délit a été commis. En matière de diffamations et d'injures réalisées par la voie de la presse, c'est la publication réelle des articles qui fait courir la prescription. Cette publication gît en fait, ce fait peut se produire de diverses manières et il appartient par conséquent aux juges de le déterminer (1).

L'action publique et l'action civile sont d'ailleurs susceptibles d'interruption et de suspension, conformément aux règles du Code d'instruction criminelle (art. 637 et suiv.).

Devant les juridictions répressives, la prescription est d'ordre public; elle peut être invoquée en tout état de cause devant la Cour d'appel et même devant la Cour de cassation. Elle peut même être suppléée d'office par le juge (2).

---

(1) Cass., 8 sept. 1824 — Cass., 13 déc. 1855.

(2) L'art. 65, § 2, de la loi de 1881 édicte une disposition transitoire : « Les prescriptions commencées à l'époque de la publication de la présente loi, et pour lesquelles il faudrait encore suivant les lois existantes plus de trois mois à compter de la même époque, seront, par ce laps de trois mois, définitivement accomplies. »

§ 4. — *De l'amnistie.*

En principe, la diffamation contre les particuliers étant un délit de droit commun ne pourrait bénéficier d'une amnistie accordée à des délits politiques. Cependant le législateur peut toujours, par un texte formel, édicter une disposition contraire. Ainsi l'art. 70 de la loi du 29 juillet 1881 amnistie d'une façon absolue *tous les crimes et délits* commis antérieurement au 16 février 1881 par la voie de la presse ou autres moyens de publication. Une seule réserve est faite en ce qui concerne l'outrage aux bonnes mœurs puni par l'art. 28 de la loi. Il est donc certain que notre texte entend prononcer l'extinction de l'action publique résultant des diffamations et injures envers les particuliers. Mais il a soin de laisser intacte l'action civile, car il ajoute : « *sans préjudice du droit des tiers.* » Les parties offensées ont pu, par conséquent, même après l'amnistie accordée par l'art. 70, poursuivre devant les tribunaux civils la réparation des diffamations et injures commises antérieurement au 16 février 1881.

SECTION IV.

Des voies de recours contre les jugements.

Les voies de recours contre les décisions rendues sur les poursuites en diffamation ou injure sont celles que la loi a établies en toute matière, c'est-à-dire que les jugements peuvent être attaqués par les voies de l'*opposition,* de l'*appel* et du *pourvoi en cassation.*

La loi du 29 juillet 1881 n'a introduit aucune règle particulière relativement à l'opposition et à l'appel. Il faut donc maintenir à cet égard les prescriptions du droit commun.

En ce qui concerne le pourvoi en cassation, les formalités à suivre sont indiquées par les art. 61 et 62 de notre loi. Il résulte de ces textes que le droit de se pourvoir en cassation appartient au prévenu et à la partie civile, quant aux dispositions relatives à ses intérêts civils. L'un et l'autre sont dispensés de consigner l'amende et le prévenu de se mettre en état. — Le pourvoi doit être formé dans les trois jours au greffe de la Cour ou du tribunal qui aura rendu la décision. Dans les vingt-quatre heures qui suivent, les pièces sont envoyées à la Cour de cassation qui juge d'urgence dans les dix jours à partir de leur réception.

La Cour de cassation n'est juge que du point de droit décidé par chacun des jugements qui lui sont déférés. Quant au point de fait, il est souverainement jugé par les tribunaux. Toutefois, en matière de délits de la parole ou de la presse, où les faits, objets de la poursuite, sont presque toujours incontestables, et où les réquisitoires du ministère public, les citations, les jugements contiennent avec la qualification des faits, leur articulation complète, la Cour de cassation se reconnaît généralement le pouvoir d'apprécier elle-même la qualification donnée à ces faits, pour examiner ensuite si de cette appréciation il ne résulte pas qu'il y ait eu fausse application de la loi. Cette doctrine de la Cour suprême a été consacrée par de nombreux arrêts (1).

(1) Cass., 5 août 1831 — 29 mai 1834 — 12 mai 1837.

DEUXIÈME DIVISION.

De la poursuite et de la répression en matière d'injures simples.

Nous avons vu, dans une autre partie de notre étude, que les faits constitutifs de la diffamation et de l'injure, s'ils ne sont pas accompagnés de la circonstance de la publicité, ne sont punis que de peines de simple police (art. 33, § 3, l. 29 juillet 1881 — 471, C. pén.). Devant le tribunal de police saisi de la répression, l'exercice de l'action publique et de l'action civile est soumis aux règles ordinaires du Code d'instruction criminelle, sauf les modifications que nous avons déjà fait connaître, énumérées dans l'art. 60 de notre loi. Cependant, parmi ces modifications, il en est une que le législateur n'a pas étendue à la procédure relative aux contraventions d'injure. En effet, si l'art. 60-1° exige une plainte de la partie lésée pour que l'action publique soit mise en mouvement, cette disposition ne s'applique qu'aux infractions définies par les art. 32 et 33, § 2, c'est-à-dire aux diffamations et injures publiques. La poursuite de l'injure non publique, prévue par l'art. 33, § 3, ne semble donc pas subordonnée à cette condition exceptionnelle. Quoi qu'il en soit, comme l'injure non publique n'est souvent connue que de la partie offensée et que cette contravention ne porte pas une atteinte grave à l'ordre général, il est certain que l'action publique ne sera jamais exercée, en fait, que sur la plainte de l'intéressé.

Si l'action civile est intentée séparément de l'action publique, elle doit être portée devant le juge de paix qui connaîtra de la demande, sans appel, jusqu'à la valeur de cent francs, et, à charge d'appel, à quelque valeur que la demande puisse s'élever (art. 5, § 5, l. 25 mai 1838).

APPENDICE

DROIT COMPARÉ.

§ 1. — *Prusse.*

Le Code pénal prussien de 1851 distingue la *calomnie* de l'*offense publique*.

D'après le § 156 de ce Code, le délit de calomnie consiste dans la propagation ou l'affirmation de *faits faux*, exposant à la haine ou au mépris des citoyens la personne à laquelle lesdits faits sont imputés. Cette définition implique la possibilité de prouver la vérité de l'imputation, et c'est ce qu'établit le § 157 : « La preuve de la vérité des faits pourra être fournie par tous les moyens qu'admet la procédure criminelle. — Toutefois la preuve testimoniale ne sera admise que dans le cas où le prévenu ayant précisé les faits dont il offre la preuve, le tribunal aura, par une définition particulière et préalable, reconnu que la preuve de ces faits, si elle est fournie, doit exclure ou diminuer la culpabilité. »

Quel est l'effet de la preuve? « La preuve de la vérité des faits imputés n'exclut pas l'*offense* quand l'intention d'offenser résulte de la forme ou des circonstances dans lesquelles l'imputation a été faite (§ 158). » — L'auteur de l'imputation, qui a agi dans l'intention d'offenser, est par suite passible des peines portées contre le délit d'*offense publique* par le § 152.

Au surplus, la loi prussienne déclare que dans certains cas l'intention d'offenser est difficilement présumée et veut être établie par des preuves irrécusables. Il en est ainsi, par exemple en ce qui concerne les appréciations critiques de travaux scientifiques, artistiques ou industriels, les allégations faites pour la poursuite ou la défense d'un droit, les admonitions ou les réprimandes adressées par des supérieurs à leurs subordonnés.

§ 2. — *Angleterre.*

Les Anglais, peuple éminemment pratique, ont adopté une distinction des injures, non d'après leur nature, mais d'après leur mode d'accomplissement. Il est indiscutable que le libelle laisse une trace bien plus profonde qu'une injure proférée dans un moment de colère, recueillie par un petit nombre d'auditeurs et qui souvent s'évapore en naissant : *Verba volant, scripta manent.* Partant de ce principe, la loi anglaise a établi, quant aux *libelles,* deux remèdes différents, l'un par voie d'accusation au criminel, l'autre par voie d'action au civil. Le premier s'applique à l'offense publique, car tout libelle peut amener une infraction à la paix publique, en provoquant à des voies de fait la personne outragée. Dans ce cas, il y a lieu à accusation, que l'exposé du libelle soit faux ou qu'il soit vrai;

en sorte que le défendeur, s'il est traduit devant un grand jury pour avoir publié un libelle, n'est point admis à alléguer pour sa justification que le libelle ne contient que la vérité (1). — S'agit-il au contraire du recours par une action pour obtenir des dommages-intérêts en réparation de l'injure, le défendeur peut alléguer et prouver la vérité des faits (2).

En ce qui concerne la diffamation ou l'injure *verbale,* elle ne donne jamais lieu qu'à une action civile en dommages-intérêts appelée *per quod.* Il faut remarquer d'ailleurs que cette action est fondée sur le préjudice éprouvé par la victime de l'imputation; et ce préjudice doit être matériel, la loi anglaise ne reconnaissant pas de préjudice moral, si ce n'est à Londres, dans le ressort de la Cité, où cela constitue un privilège spécial. Ainsi une calomnie, « accusant d'incontinence et de prostitution une femme modeste et honorable » ne pourrait, hors du ressort de la cité de Londres, faire l'objet d'aucune poursuite. Au contraire, un commerçant attaqué dans son crédit par une diffamation verbale, pourrait dans tous les ressorts intenter un procès à son diffamateur. En ce cas, la preuve de la vérité de l'imputation est toujours admise; et si cette preuve est faite, aucune condamnation ne peut suivre. Il n'y a plus qu'un *damnum absque injuria,* pour lequel la loi n'accorde aucune réparation (3).

Faisons observer enfin que la législation anglaise,

---

(1) Néanmoins, d'après la jurisprudence des Cours criminelles, quoique la vérité du libelle ne soit pas une justification, cette circonstance peut être considérée parfois comme atténuant l'offense.

(2) Blackstone, *Loi anglaise,* traduction de M. Chompré, avec notes de M. Christian, t. V, pp. 208-209.

(3) Voyez Chassan, t. I.

comme le Code prussien, ne fait aucune distinction entre les faits concernant la vie privée et les faits relatifs à l'exercice des fonctions publiques.

§ 3. — *Italie.*

L'art. 575 du Code italien, promulgué en 1865, pose en règle générale que la preuve des faits diffamatoires n'est pas permise. Mais les articles suivants apportent à cette règle diverses exceptions : 1° lorsque les faits sont punissables selon la loi, il est sursis durant l'instruction et la poursuite au jugement du prévenu de diffamation ; 2° la preuve des faits est admise lorsqu'il s'agit d'imputations contre des agents ou dépositaires de l'autorité ou de la force publique, pour des faits relatifs à leurs fonctions.

Ces dispositions, déjà écrites dans nos lois de 1819, existent encore aujourd'hui chez nous. Mais voici qui est tout à fait nouveau et particulier à la loi pénale italienne. La règle de l'interdiction de la preuve des faits diffamatoires est portée uniquement contre le diffamateur ; quant au diffamé, c'est une faveur à laquelle il a droit de renoncer quand il lui plaît. Cela résulte de l'art. 577, où il est dit : « En tous cas, le diffamé peut faire instance pour que le procès qui s'instruit contre l'auteur de l'imputation ou du libelle diffamatoire, soit étendu à la preuve de la vérité ou de la fausseté des faits imputés... » Alors il y a lieu de surseoir au jugement du prévenu de diffamation jusqu'à ce qu'il ait produit ses preuves. Si la vérité de l'imputation est reconnue, il sera à l'abri de toute peine ; si, au contraire, c'est la fausseté des faits qui ressort de sa tentative de preuve, il sera condamné aux peines de la diffamation, ou même de la calomnie, s'il n'avait aucun motif sérieux de croire les faits vrais.

POSITIONS

DROIT ROMAIN.

I — Après Antonin le Pieux, le pupille qui s'est obligé sans l'*auctoritas tutoris* est tenu *naturaliter* pour ce dont il ne s'est pas enrichi.

II — Dans la vente, les risques sont à la charge de l'acheteur.

III — Lorsque l'*adpromissor* s'était obligé *in duriorem causam*, dans des conditions plus dures que le débiteur principal, son obligation était *nulle pour le tout*.

IV — Le préteur avait déjà créé les actions *quod metus causa* et *doli*, lorsqu'il organisa l'*in integrum restitutio*.

CODE CIVIL.

I — Les actes régulièrement faits par le tuteur ne sont pas rescindables pour cause de lésion.

II — Lorsque la séparation de corps est prononcée, les donations que se sont mutuellement faites les époux sont révoquées *de plein droit* à l'égard de l'époux coupable, et maintenues dans l'intérêt de l'époux outragé.

III — La vente consentie par l'héritier apparent n'est pas opposable à l'héritier véritable.

IV — La dot mobilière est-elle inaliénable comme le fonds dotal? — Non.

V — Le droit de rétention existe chaque fois que se trouvent réunis la possession par le créancier d'une chose appartenant au débiteur et le *debitum cum re junctum*.

VI — Faut-il appliquer à l'*abus de confiance* et à l'*escroquerie* l'exception apportée pour le *vol* à la maxime : « En fait de meubles, possession vaut titre? » — Non.

DROIT INTERNATIONAL.

La succession *ab intestat* d'un étranger doit être régie par sa loi nationale.

PROCÉDURE CIVILE.

La règle énoncée dans l'art. 249, C. proc. civ., ne s'applique pas aux transactions intervenues sur l'action civile et les intérêts pécuniaires qui s'y rattachent.

DROIT COMMERCIAL.

Un seul créancier à l'égard duquel le failli n'a pas exécuté ses engagements peut-il provoquer la résolution du concordat? — Oui, et la résolution opère à l'égard de tous les créanciers.

DROIT CRIMINEL.

I — La condamnation à une amende ne peut être exécutée contre les héritiers du condamné.

II — La condamnation par contumace n'entraîne pas l'interdiction légale.

DROIT ADMINISTRATIF.

L'usine établie sur le lit d'une rivière ne fait pas obstacle à l'exercice du droit d'irrigation par les propriétaires d'amont.

ÉCONOMIE POLITIQUE.

Le taux de l'intérêt doit-il être limité? — Non.

MAURICE BOULANGER.

Vu pour l'impression :

Le Doyen,

ED. BODIN.

Vu :

Le Recteur,

J. JARRY.

TABLE DES MATIÈRES

DEUXIÈME PARTIE

ANCIEN DROIT FRANÇAIS

TROISIÈME PARTIE

LÉGISLATION ACTUELLE

(Lois de 1819 et de 1881)

APPENDICE

DROIT COMPARÉ

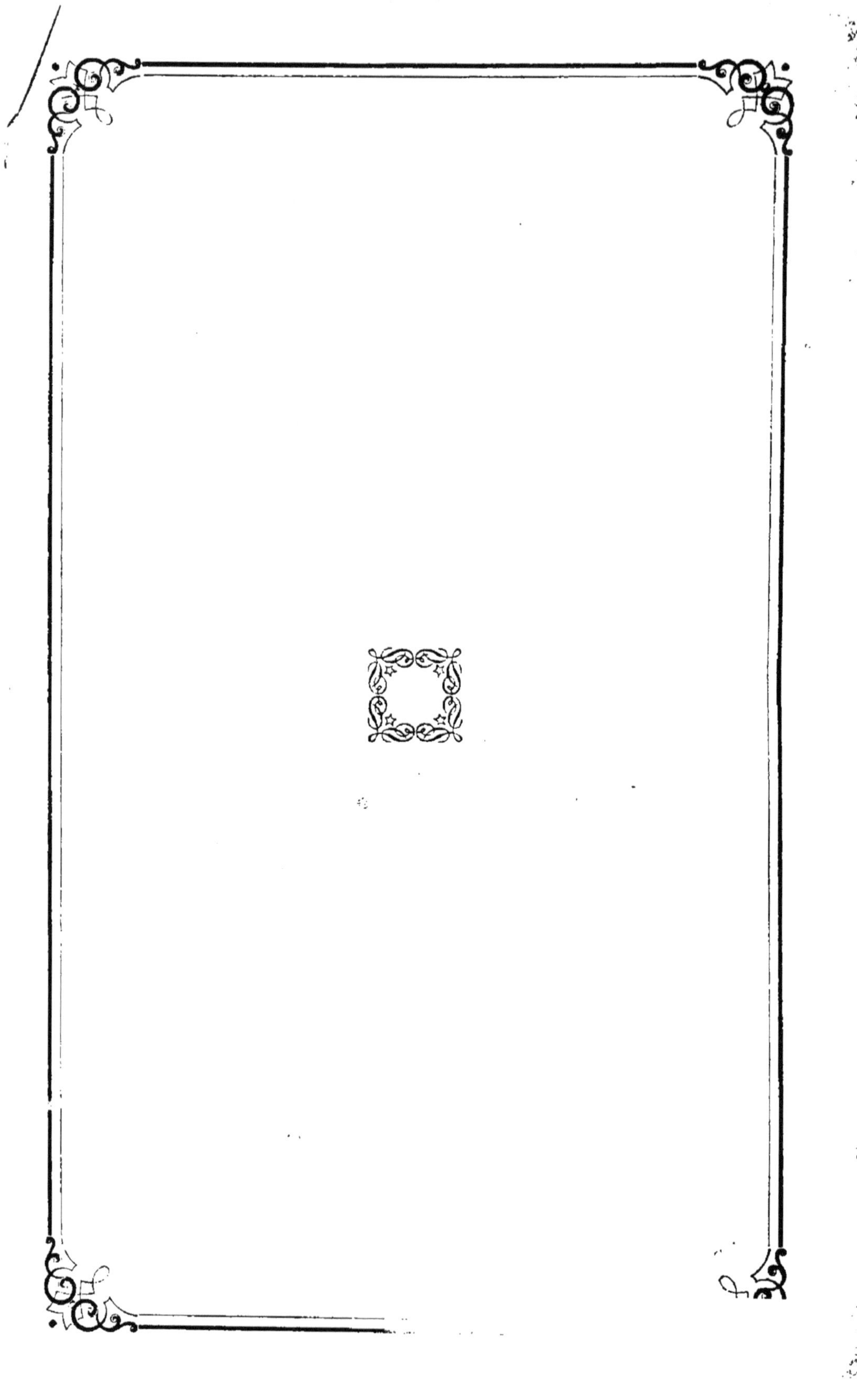

www.ingramcontent.com/pod-product-compliance
Ingram Content Group UK Ltd.
Pitfield, Milton Keynes, MK11 3LW, UK
UKHW021919070726
13614UKWH00001B/129